...vo de la Pascua our la ar de Guadalupe

MANUAL PARA ENTENDER Y PARTICIPAR EN LA MISA

P. Juan J. Sosa

LIBROS LIGUORI

One Liguori Drive ▼ Liguori, MO 63057-9999

Imprimi Potest: Thomas D. Picton, C.Ss.R.
Provincial, Provincia de Denver, Los Redentoristas

Imprimatur: Excmo. Sr. Robert J. Hermann
Administrador Arquidiocesano, Arquidiócesis de St. Louis

Publicado por Libros Liguori, Liguori, MO 63057-9999
Para hacer pedidos llame al 800-325-9521.
www.librosliguori.org

© 2009 Juan J. Sosa

Library of Congress Cataloging-in-Publication Data

Sosa, Juan J.
    Manual para entender y participar en la Misa / Juan J. Sosa.
        p. cm.
    Includes bibliographical references.
    ISBN 978-0-7648-1800-4
    1. Mass. 2. Catholic Church—Catechisms. I. Title.
    BX2230.3.S67 2009
    264'.02036—dc22

                                                        2009013862

Citas textuales del *Misal Romano,* 11ª edición, abril 2001, derechos ©
reservados a favor de OBRA NACIONAL DE LA BUENA PRENSA, A.C.
Apartado M-2181. 06000 México, D.F. Orozco y Berra 180. Santa María la
Ribera. 1999.

Las citas bíblicas son de *El Libro del Pueblo de Dios*, La Biblia (Madrid:
San Pablo 1981; 17 ed. 1997). Usado con permiso.

Documentos del Vaticano II, Constitución *Sacrosanctum Concilium* sobre la
sagrada liturgia (4 de diciembre de 1963). © Libreria Editrice Vaticana.

Liguori Publications, corporación no lucrativa, es un apostolado
de los Redentoristas. Para saber más acerca de los Redentoristas visite
"Redemptorists.com".

Impreso en los Estados Unidos de Norteamérica
13 12 11 10 09   5 4 3 2 1

La Iglesia, por una tradición apostólica que su origen del mismo día de la resurrección de Cristo, celebra el Misterio Pascual cada ocho días, en el día que es llamado con razón 'día del Señor' o domingo. En este día, los fieles deben reunirse a fin de que, escuchando la palabra de Dios y participando en la Eucaristía, recuerden la Pasión, la Resurrección y la Gloria del Señor Jesús, y den gracias a Dios que los 'hizo renacer a la viva esperanza por la Resurrección de Jesucristo de entre los muertos' (I Pedro 1,3)' Por esto el domingo es la fiesta primordial, que debe presentarse e inculcarse a la piedad de los fieles, de modo que sea también día de alegría y de cesación del trabajo. No se le antepongan otras solemnidades, a no ser que sean, en verdad, de suma importancia, puesto que el domingo es el fundamento y el núcleo de todo el año litúrgico.

CONSTITUCIÓN *SACROSANCTUM CONCILIUM*
SOBRE LA SAGRADA LITURGIA, PAR. 106

AGRADECIMIENTO

Agradezco con afecto a los miembros del Instituto Nacional Hispano de Liturgia de los Estados Unidos que, a través de más de diez Conferencias y dos simposios académicos, han explorado la naturaleza y el desarrollo de la teología de la liturgia, y han modelado en diferentes formas la belleza de la Liturgia de la Eucaristía para la Iglesia local de la nación.

Agradezco a la Federación Nacional de Comisiones de Liturgia por la publicación del estudio conocido en inglés como "The Mystery of Faith" y traducido por el Instituto como "El Misterio de Fe". En cada página de esta obra se descubre el tesoro de la tradición litúrgica de la Iglesia a través de la historia.

Agradezco a Liguori Publications por la invitación que me han hecho para elaborar este proyecto que, como manual, está dirigido a nuestros fieles católicos hispanos que siempre quieren aprender más sobre la Iglesia que les vio nacer y la Eucaristía que los nutre y sostiene.

Agradezco de una manera especial a la señora Margarita Delgado por sus apuntes editoriales tan acertados.

Agradezcamos juntos al Dios que nos regala a su Hijo,

Jesús, el mejor compañero de nuestra peregrinación por la vida, quien, por la acción del Espíritu Santo, se hace presente día tras día para redimirnos y fortalecernos en nuestra misión evangelizadora.

INDICE

PRÓLOGO

Rosita tuvo que apurarse para levantar a los niños de la cama. No quería llegar tarde a Misa. Fernando, su esposo, la ayudó a preparar el desayuno, a recoger las habitaciones, y a salir a tiempo. Cuando ya estaban en el auto, Rosita se acordó del "sobre", pero Fernando le reclamó: "No hace falta. Echamos la ofrenda sin el sobre". "No," le respondió Rosita, "sí hace falta. Éste es nuestro deber como católicos. Esto nos ayuda a nosotros con los impuestos y al Padre Rubén con su administración; es sólo un momento".

Mientras Fernando conducía por las calles vacías de la ciudad a las 9:45 de la mañana, ya Rosita iba encomendando en silencio a su familia y a su comunidad parroquial al Dios que amaba tanto y a la Virgen de quien nunca se podía olvidar. Su deseo de asistir a Misa aumentó desde que empezó a comprender cada parte de la Misa, algo que tanto ella como Fernando desconocían. Fernando asistía como 'ujier' y ella planchaba los manteles y pañitos para el altar. Él no sabía hacer otra cosa que recoger la ofrenda en el momento señalado y ella llevaba sus pañitos el sábado para uso del domingo.

Cuando el Padre Rubén comenzó a explicar lo que significaba cada parte de la Misa diez minutos antes de cada Misa, Rosita aprendió mucho y, sobre todo, descubrió que había diferentes tipos de pañitos: los purificadores para los cálices, los corporales que se colocan sobre el altar, y las toallitas para el lavatorio de las manos. Y Fernando aprendió que su oficio no era sólo recoger la ofrenda, sino dar la bienvenida a los feligreses y estar disponibles para lo que necesitaran. Poco después, ambos aprendieron mucho más de las funciones de cada servidor o ministro. Entonces a Rosita se le ocurrió querer servir mejor al Dios que la amaba tanto y a la Virgen de quien nunca se podía olvidar, y decidió solicitar el ministerio especial de la Comunión. Ya cerca de la Iglesia se acordó de cómo se lo presentó al Padre: "No creo que soy digna", le repetía. "Que sí lo eres" le contestaba el Padre Rubén. "Pero Padre, ¿cómo voy yo a dar la comunión si soy pecadora?" Sólo la respuesta del Padre la pudo convencer. "Rosita, vas a ir a los enfermos e impedidos primero, los que no pueden estar con nosotros. Si no vas tú, ¿quién más va a ir?"

Y así ha sido desde entonces. Cada domingo, después de Misa, Rosita visita a doña Esperanza y le lleva la comunión mientras que sus hijos van a la catequesis parroquial y Fernando se queda para ayudar al Padre hasta que los niños terminan su clase. Doña Esperanza no puede caminar, pero espera a Rosita bien arregladita cada domingo, porque sabe que con Rosita viene el Señor y con el Señor la sonrisa de una madre y esposa que ama a Dios, a la Virgen, a su familia y a la Iglesia de corazón y no sólo de palabras.

Mientras Rosita visita a doña Esperanza, desde la sacristía de la iglesia Fernando sigue la plática que el Padre Rubén expone en la Misa siguiente. Cada explicación de la Misa le hace comprender mejor por qué es católico, por qué viene a la iglesia, por qué es importante rezar en familia y conocer a otros católicos de la misma comunidad. Se acuerda de cómo le da pena cuando se acuerda de sus vecinos que se fueron de la iglesia católica a otra iglesia sólo por el entusiasmo, y sin conocer todo lo que Rosita y él estaban aprendiendo. Cuando el vecino lo invitó a ir a su nueva iglesia, Fernando le contestó: "No, amigo, no puedo ir. No puedo cambiar mis apellidos. Seré Salazar y católico siempre..."

Todo esto, y mucho más, lo compartía con Rosita semana tras semana en el camino de regreso a la casa. Y Rosita, en silencio, recordaba, pero ahora lo importante era llegar a tiempo a la Misa.

Salieron del auto y entraron al templo compartiendo saludos y sonrisas con aquellos que los esperaban a la puerta. Dejaron a un lado sus preocupaciones y dolores. Los niños se sentaron con sus Padres; hoy no tenían que servir de monaguillos. Y Rosita esperó con alegría la procesión de entrada porque sabía que su silencio pronto se convertiría en un canto de alabanza al Dios a quien amaba tanto porque Él la amó primero y mejor. Así, con alegría, se puso de pie al comienzo de la Santa Eucaristía para cantar con la Virgen las maravillas del Señor.

• • •

En las siguientes páginas quisiéramos distribuir la explicación de la Liturgia de la Eucaristía en seis secciones:

- Los Ritos Iniciales.
- La Liturgia de la Palabra.
- La Presentación de los Dones y el Ofrecimiento.
- La Plegaria Eucarística.
- El Rito de Comunión.
- El Rito de Despedida.

Queremos destacar la historia, el desarrollo y el sentido de cada sección de una manera que pueda llegar a la comprensión global de nuestros lectores.

• • •

¡Qué bien llegaron a entender Rosita y Fernando su compromiso con la Iglesia y la llamada que Dios les hacía a través de esa celebración dominical! Así se lo han de transmitir a sus hijos. ¡Ojalá y podamos ayudar a que muchos otros Fernandos y Rositas la lleguen a entender tan bien porque tienen a un Padre Rubén que los ayude a entender!

INTRODUCCIÓN

La Santa Misa:
Celebración Del Misterio Pascual

Cuando la Misa se explica, la entendemos mejor. Cuando reflexionamos sobre los textos que los sacerdotes proclaman diariamente comprendemos mejor el mensaje revelado en tal narración. Desde el Vaticano II, a la Misa se le llama "Liturgia Eucarística", aunque de por sí también nos podemos referir a ella como Eucaristía. De todas formas, la Santa Misa se compone de dos partes principales: la Liturgia de la Palabra y la Liturgia de la Eucaristía.

Hoy celebramos la Santa Misa y participamos activamente en una oración comunitaria que ha evolucionado a través de los siglos. Las palabras originales son aquellas que Jesús proclamó con gestos sencillos en la Última Cena: "Jesús tomó pan, y luego una copa de vino, (dio gracias) lo bendijo, partió el pan y se lo dio a sus discípulos" (este es mi Cuerpo) y al final de la Cena, ("Esta es mi Sangre derramada por todos"). Los cristianos se han congregado como iglesia con estas palabras y estos gestos en el día del Sol, el día de la Resurrección. En ese día del Señor (domingo de Dominica) los cristianos compartían las cartas de los apóstoles y escuchaban, por medio del anuncio del Evangelio, las instrucciones que les había dado el Maestro. Ésta es la oración por excelencia en que, como comunidad, celebramos el paso de Jesús de la muerte a la vida que llamamos el Misterio Pascual. En el año 55 San Pablo nos describía la celebración en su Primera Carta a los Corintios (11:20-26):

"Lo que yo recibí del Señor, y a mi vez les he transmitido es lo siguiente: El Señor Jesús, la noche en que fue entregado, tomó el pan, dio gracias, lo partió y dijo: 'Esto es mi Cuerpo, que se entrega por ustedes. Hagan esto en memoria mía'. De la misma manera, después de cenar, tomó la copa, diciendo: 'Esta copa es la Nueva alianza que sello con mi Sangre. Siempre que la beban, háganlo en memoria mía'. Y así siempre que coman este pan y beban de esta copa, proclamarán la muerte del Señor hasta que Él vuelva."

De hecho siempre que la Iglesia se congrega para celebrar los sacramentos, celebra el Misterio Pascual. Nuestro encuentro personal y comunitario es con el Cristo Resucitado que nos acoge en el Bautismo y la Confirmación, nos nutre con la Eucaristía, nos perdona y nos ayuda a hacer las paces con la Reconciliación, nos alivia con la Unción de los Enfermos y acepta el compromiso de los desposados en el Matrimonio Matrimonio y de aquellos que han sido llamados al Orden Sacerdotal.

En la Eucaristía nos encontramos con toda la iglesia universal y nos ofrecemos con Jesús al Padre para ser transformados por la fuerza del Espíritu Santo y aceptar la invitación de anunciar la Buena Nueva de la esperanza. La Eucaristía es un regalo y una llamada al servicio. Como regalo, recibimos la fuerza de Dios por medio de su Hijo por el amor del Espíritu Santo. Como llamado al servicio, al salir de la Misa, Jesús y la iglesia nos envían a ser sal de la tierra y luz del mundo para insertarnos y vivir en una sociedad sin sabor espiritual y envuelta en muchas sombras.

> *Al salir de la Misa, Jesús y la iglesia nos envían a ser sal de la tierra y luz del mundo.*

Con el paso de los años, algunos empezaron a llamar a esta asamblea de cristianos el "ágape", o asamblea reunida en el amor incondicional de Jesucristo. Otros la conocieron como la "Acción de Gracias" (de ahí la palabra *eucaristía* en griego) o la "fracción del pan" (Hechos de los Apóstoles). San Pablo, de nuevo, nos ayuda a recordar un término que todavía utilizamos mucho en nuestros tiempos: "Y el pan que compartimos, ¿no es *comunión* con el Cuerpo de Cristo?" (1 Cor. 10:16).

A medida que las comunidades de cristianos iban creciendo en el Oriente y en el Occidente de Europa, cada familia-iglesia desarrollaba su propio estilo de celebración de la Santa Misa. Por ello, en el Oriente encontramos muchos "ritos" que crecieron alrededor de la oración Eucarística, entre otros, el syro-malabar de la India, el melquita de los sirios, el maronita de los libaneses, y el cóptico de Egipto mucho antes de que se dividiera la Iglesia, el Oriente del Occidente, y se separaran los Ritos del Oriente del eje de la autoridad de la iglesia occidental en Roma. Ésta y otras separaciones posteriores de la Iglesia han sido productos de circunstancias ajenas a nosotros. Por ello, hemos aprendido a orar siempre por la unidad de la iglesia que el mismo Jesús quiso y quiere: "Que sean uno como el Padre y yo somos uno" (San Juan 17). Las iglesias orientales que se separaron son conocidas con el mismo nombre que tenían las que no se separaron pero con un nuevo adjetivo, "ortodoxo". En muchas ciudades, por lo tanto, aparecen establecidas la "Iglesia Ortodoxa Griega o Rusa" u otras parecidas, separadas —aunque muy cerca—de nuestra Iglesia Católica.

En el Occidente también tuvimos diversas comunidades que se definían y se conocían por medio de la celebración de la Misa: el Rito o Liturgia Ambrosiana de Milán, la hispano-mozárabe de Toledo y Sevilla, la franco-germánica de las Galias (Francia), y la romana de Roma. Después del siglo VI, la influencia de Roma predominó y se implementó para todos en el Occidente. El Rito Romano se aceptó como forma oficial de celebración litúrgica de la Iglesia, aunque todavía en diversos lugares existen celebraciones de los ritos particulares ya mencionados. Por ejemplo, en Milán se sigue celebrando el Rito Ambrosiano en la catedral, y en Toledo la comunidad de Santa Eulalia se congrega cada domingo para celebrar la Misa en el Rito Mozárabe.

En nuestras parroquias hoy predomina y nos guía la reforma litúrgica del Concilio Vaticano II, que comenzó para nosotros a principios del siglo XX con las reformas de san Pío X, y prosiguió con varios papas, en especial Pío XII, quien reformó el Triduo de Semana Santa y restauró la Vigilia Pascual para darle paso a la Iniciación Cristiana de Adultos, establecida oficialmente en 1972 después del Concilio Vaticano. Durante este proceso de más de medio siglo contemplamos la evolución de la propia liturgia Eucarística que buscaba recuperar la participación de todo un pueblo lleno de fe y dispuesto a anunciar la Buena Nueva en tiempos modernos.

Esta reforma pone un gran énfasis en el criterio de *participación,* según el cual todos estamos llamados a orar activa y conscientemente en nuestras celebraciones comunitarias para dejar a un lado aquella costumbre de ser espectadores pasivos en la Santa Misa. Nos alimenta la Palabra y nos auxilia la presencia de muchos servidores o ministros de la liturgia (el sacerdote que preside, los músicos, lectores, acólitos, diáconos, ujieres, ministros especiales de la comunión). A pesar de esta ayuda, es la asamblea, como tal, la que está llamada a unirse a Jesús para ofrecer sus tristezas y alegrías en el ara del altar. Y es el sacerdote el que actúa en nombre de Cristo y se convierte en el instrumento mediador entre Dios y los fieles.

■ ■ ■

¡Tantos siglos de oración! ¡Tantos cambios! A Rosita y a Fernando les costó trabajo comprender la complejidad de la historia y la evolución de la Misa que conocieron desde niños. Pero se acordaron de su propia familia y recordaron que también en su familia se han dado muchos cambios, desde sus antepasados hasta el presente: cambios en los matrimonios, nacimientos y despedidas, sufrimientos y alegrías, y hasta cambios de tierra, de nación y de casas y hogares. Pero todos estos cambios ahora se los pueden ofrecer al Señor, quien sigue presente en la Eucaristía como en la Última Cena en una presencia real que nunca ha cambiado. Como enseña el Concilio, el Señor Jesús permanece fiel y consistente en la Palabra, en el sacerdote que celebra, en la asamblea congregada y de una manera especial en su Cuerpo y Sangre.

Rosita y Fernando revisaban siempre las instrucciones del Padre Rubén sobre la Eucaristía. Se acordaban de las partes de la Misa y disfrutaban de las explicaciones que hacía el Padre. También nosotros, con calma y por secciones, podremos disfrutar de estas explicaciones.

1

LOS RITOS INICIALES

Si observamos esta primera parte de la Misa, descubrimos una serie de pasos que nos conducen hacia el momento cumbre de estos ritos introductorios, la Oración Colecta. Ésta es la oración que recoge el tema concreto de la Eucaristía que se está celebrando. Los pasos que la preceden son los siguientes:

1. Procesión de Entrada

El rito latino o romano siempre fue sobrio y sencillo. No hubo Procesión de Entrada hasta principios del siglo VIII, alrededor del año 701 AD cuando, a imitación de las procesiones de la corte del emperador, el Papa abrazó este estilo de entrada para comenzar la Misa Papal. De hecho entra el turiferario (así se llama el servidor que lleva el incienso) con el incensario, seguido por la Cruz procesional, los ministros que llevan los cirios encendidos, los acólitos y otros ministros, el diácono con el libro del Evangelio (cuando no hay diácono el/la lector(a) lleva el Leccionario), y el sacerdote que se ha preparado para celebrar la Eucaristía. En algunos lugares, siguiendo el orden presentado por el Ceremonial de Obispos, el diácono va detrás de los ministros con los cirios, para presentar dignamente el libro del cual se proclamará la Buena Nueva, el Evangelio del Señor.

La procesión de Entrada no es importante solamente para que observemos a los ministros que se acercan al altar desde nuestras bancas, sino porque es un momento cumbre para que la asamblea, que es de por sí un signo y un ministerio, se congregue y se constituya como tal. Para ello, habiéndose desconectado de todo lo que les distraiga en la celebración, los miembros se disponen a celebrar la Misa. Entran a un espacio sagrado para formar una asamblea sagrada y comenzar el diálogo maravilloso que Dios nos ofrece por medio de su Hijo, Jesucristo.

2. Canto de Entrada

En nuestra tradición latina al movimiento del grupo casi siempre lo acompaña la música, ya sean con cantos o instrumentos. Sólo hay que recordar a los niños que van en excursión con sus padres y maestros, o las peregrinaciones a santuarios que muestran y señalan las devociones de nuestros pueblos, o incluso las reuniones familiares que expresan calor y amor humano y fraterno por medio de cantos transmitidos por los antepasados.

En la tradición de la Iglesia también sucede así. A la

procesión de entrada la acompaña un canto, cuyo uso ha cambiado de acuerdo con la historia de la liturgia occidental. En Roma cantaba una escuela de cantores preparados especialmente para la Misa (*Schola Cantorum*). A medida que se desarrollaron los textos de la Misa, se especificó qué cantar: una antífona, o un salmo, o una aclamación a Dios, o lo que se llamó por siglos el *Introito*, cuando el sacerdote llegaba y se colocaba frente al altar para comenzar la celebración.

En nuestra tradición latina al movimiento del grupo casi siempre lo compaña la música, ya sean con cantos o instrumentos.

Por medio de su música, el canto de entrada por lo general inspira en el corazón de los fieles el tema que va a recoger el celebrante en la Oración Colecta, y dispone a los presentes a unirse de tal modo que los hace sentir verdaderamente como la 'iglesia' congregada para el banquete Pascual. De hecho, según la documentación provista, este canto puede tomar varias formas: la antífona del Misal, el Salmo del gradual arreglado musicalmente, antífonas y Salmos aprobados por los obispos, o un canto litúrgico apropiado. En la mayoría de nuestras comunidades aparentemente la última opción, la del canto litúrgico, es la más frecuente. Nuestros músicos, sin embargo, enriquecerían su repertorio si también exploraran las otras opciones cuyos textos han enriquecido la Liturgia de la Iglesia por siglos.

3. Veneración del altar

Así como honramos la mesa familiar donde compartimos nuestros almuerzos y cenas, así también honra la asamblea la mesa del altar. Los primeros cristianos construyeron las iglesias y basílicas sobre el cementerio de los mártires que dieron su vida por Jesús y adoptaron la costumbre de colocar el altar sobre las propias tumbas de estos mártires. Con el tiempo se colocaron debajo del altar las reliquias de estos santos. Desde el siglo IV se consideró el altar, que era de piedra, como símbolo de Cristo, la piedra angular sobre la se construye que todo el edificio (carta de San Pedro). Si durante los primeros doce siglos el sacerdote besaba el altar varias veces durante la Misa, hoy lo hace al comienzo de la celebración y cuando se retira, después de la bendición y despedida.

En los altares paganos se utilizaba el incienso para alejar a "espíritus" malos, costumbre no cristiana. Para los cristianos no existen "espíritus malos". Jesús por su muerte y resurrección destruyó el pecado y el mal. Los cristianos al principio se resistían a usar el incienso por no parecer paganos. Al correr de los siglos se comenzó a utilizar de nuevo el incienso con un nuevo sentido: el altar, que es mesa de banquete y sacrificio, se inciensa para que, desde el principio de la Misa, se destaque como el espacio consagrado desde donde se ofrecen todos los que participan en el sacrificio sin sangre de Jesús en una oración que se eleva ante Dios como el incienso (Salmo 141:2). El incienso, por lo general, no se utiliza en todas las Misas (aunque se puede), sino, a discreción del celebrante, en tiempos o celebraciones especiales del Año Litúrgico.

4. Señal de la Cruz y saludo del sacerdote

En la Misa, la Señal de la Cruz comenzó con las oraciones al pie del altar de la época medieval. La Cruz, no obstante, ya era desde el siglo II el signo por el que se reconocía a los cristianos. De hecho, es el primer signo con el que se le da la bienvenida al infante que presentan los padres para el Bautismo y al catecúmeno que se dispone a prepararse para la Iniciación Cristiana de Adultos en la Vigilia Pascual y que recibe este signo desde el primer domingo de Adviento en el Rito de Aceptación al Catecumenado.

Desde el Bautismo nosotros nos auto-bendecimos cada vez que nos persignamos con la señal de la Cruz. Quizás se nos olvide que la Cruz es símbolo no sólo de la muerte de Jesús sino de su victoria sobre el pecado, el mal y la propia muerte. Por ello, debemos persignarnos siempre con cuidado y con atención.

En la Misa los saludos iniciales tienen su origen tanto en el Antiguo o Primer Testamento como en el Nuevo. Los encontramos en el libro de Rut (2:4) y el de los Jueces (6:12) al igual que en San Pablo a los Corintios (13:13) y a los Gálatas (1:3). La reforma actual del Concilio permite que el celebrante o un comentador haga una breve introducción después de este saludo. De todas formas, hay que tener cuidado de no cargar esta celebración con muchas palabras para no perder la atención de la asamblea. ¡Cuán importante es permitir que hablen los símbolos que usamos y que arrancan de nuestro corazón el sentido ya sembrado desde nuestra infancia!

5. Acto Penitencial o Renovación del Bautismo

El sacerdote tiene una opción después del saludo. Puede dirigir a la asamblea en el Acto Penitencial o puede bendecir agua para rociarla sobre los presentes y recordarles su compromiso bautismal.

La primera opción es la más frecuente. Puede asumir tres formas. El "Confiteor" o "Yo Pecador" data de la Edad Media cuando el sacerdote comenzaba la Misa al pie del altar, pero el concepto de congregarse para la Eucaristía y pedir perdón en comunidad data de la tradición apostólica y responde a la llamada a la reconciliación que escuchamos de Jesús en el Evangelio de San Mateo (5:23-25): "Por lo tanto, si al presentar tu ofrenda en el altar, te acuerdas de que tu hermano tiene alguna queja contra ti, deja tu ofrenda ante el altar, ve a reconciliarte con tu hermano, y sólo entonces vuelve a presentar tu ofrenda". El sacerdote pide silencio antes del "Confiteor", lo reza con

Es importante recordar que el Rito Penitencial de la Misa no sustituye al sacramento de la Penitencia.

la asamblea y concluye con una oración por la que pide el perdón para todos. A continuación se entona o reza el "Señor, Ten piedad" (*Kyrie eleison en griego*).

Una segunda forma de este acto penitencial establece un diálogo entre el celebrante y la asamblea: "Señor, ten misericordia de nosotros" al que repiten todos: "Porque hemos pecado contra ti". El sacerdote prosigue: "Muéstranos, Señor, tu misericordia" y todos responden: "Y danos tu salvación". El sacerdote concluye como antes con la petición de perdón.

La tercera forma del Rito Penitencial incluye el rezo o canto del "*Kyrie o Christe eleison*" con aclamaciones que expresan la misericordia de Dios en Jesucristo, su único Hijo. El Kyrie (la palabra significa Señor) es una letanía que proviene de la liturgia de las comunidades Orientales y se incluyó en el Occidente a partir del siglo VI. Eventualmente, la costumbre de los francos hizo repetir estas invocaciones dirigidas a Jesucristo tres veces. Hoy día las puede invocar o cantar el diácono que asiste al celebrante o un cantor desde el coro.

Es importante recordar que el Rito Penitencial de la Misa no sustituye al sacramento de la Penitencia, sino que forma parte de la necesidad que todos tenemos de disponernos a participar del banquete eucarístico con un corazón arrepentido y renovado.

La segunda opción hace eco del Salmo 51:9 "Rocíame con agua y seré limpio". Esta costumbre fue asumida por los monjes en el siglo VIII y se conoció desde entonces como el rito del *Asperges* (o de la aspersión). Después del saludo, el sacerdote, después del saludo bendice agua e invita a la asamblea a recordar su compromiso bautismal. La asamblea entona un canto apropiado mientras el sacerdote o el diácono a todos los presentes con agua bendita. Se acostumbra el uso de este rito durante el tiempo pascual, después de la fiesta de la Resurrección del Señor. Evidentemente, cuando el celebrante utiliza el rito de Aspersión, no se utiliza el rito Penitencial. El rito del *Asperges* tiene su propia introducción, la fórmula para bendecir el agua, y la oración conclusiva que se hace cuando el sacerdote regresa a la sede *Misal Romano* después de haber rociado con agua a los que participan en la celebración.

6. "Gloria a Dios"

La palabra *doxa* en griego significa "gloria". En nuestras oraciones diarias se expresa la Gloria de Dios de varias maneras. Cada vez que rezamos el Rosario y concluimos cada decena con el "Gloria" estamos alabando al Dios que nos ama. Esta expresión de alabanza se llama "doxología". Lo mismo sucede en la Misa al concluir la Plegaria Eucarística que veremos más adelante y en el momento que prosigue al Rito Penitencial o al Rito de Aspersión.

El Gloria comenzó en el Oriente como himno de alabanza a Dios Padre, Hijo y Espíritu Santo y se introdujo en el Occidente por las Galias (hoy Francia) hasta que, en el siglo XI, se introdujo en la Liturgia de Roma los domingos y días de fiesta. Es un himno o canto que requiere la participación de toda la asamblea; de ahí la necesidad de que nuestros músicos compongan melodías sencillas que puedan captar la importancia del texto. El propio texto del himno es extremadamente rico en su sentido bíblico y teológico y no debe eliminarse ni cambiarse. De hecho, el "Gloria" se suprime en los tiempos de Adviento y de Cuaresma. En esos tiempos, después del Rito Penitencial, el celebrante prosigue con la Oración Colecta que concluye estos ritos introductorios de la Misa.

7. La Oración Colecta

Esta oración reúne y recoge las intenciones de los fieles que se congregan para celebrar la Misa. Data del siglo V y por un tiempo, en la Edad Media, el sacerdote la rezaba en silencio. De hecho, la oración presenta la estructura de todas las oraciones que se utilizan en la Liturgia de la Iglesia: a) va dirigida al Padre, b) evoca un atributo del Padre (compasivo, Todopoderoso, misericordioso), c) hace una petición en la que acoge las necesidades de los presentes y en muchas ocasiones hace eco del tema de la liturgia dominical, d) la presenta por mediación de Jesucristo, su Hijo, y en comunión con el Espíritu Santo. La Oración Colecta, a diferencia de otras oraciones en la Misa, concluye con la triple invocación de la Trinidad. El sacerdote invita a la oración con "Oremos", hace una pausa en silencio para recogerse él y recoger el sentimiento de la asamblea congregada y reza el texto de la oración que provee el Misal. Todos concluyen con el "Amén" y se sientan para escuchar la Palabra de Dios, la segunda parte de la Misa.

■ ■ ■

Aunque la estructura de esta primera parte de la Misa parece repetirse domingo tras domingo, existen variaciones del propio rito durante el Año Litúrgico. Por ejemplo, en la fiesta de la Presentación del Señor, el 2 de febrero, se bendicen las velas que se utilizan para la procesión de entrada y se suprime el Rito Penitencial. El Miércoles de Ceniza tampoco se celebra el Rito Penitencial. Después de la señal de la Cruz, el celebrante hace la Oración Colecta de la Misa. Estas variaciones, entre otras, aparecen bien marcadas en el *Misal Romano*.

■ ■ ■

Fernando, como ujier, se sentía mal cuando veía que muchas familias llegaban tarde a la Misa. "Se están perdiendo mucho del comienzo", pensaba con algo de tristeza y después lo compartía con Rosita: "Cada vez que llegan tarde, se pierden la oportunidad de saludar a otros miembros de la comunidad y de prepararse para hablar con el Señor. Vienen con sus preocupaciones y no las dejan fuera de la iglesia. Al traerlas consigo, quizás no puedan unirse al canto o prestar atención a las lecturas. ¡Ojalá que todos pudiéramos llegar a tiempo a la iglesia, a no ser que haya un imprevisto urgente!" Rosita compartía este mismo sentimiento con su esposo y, sin hablarlo, también se preguntaba por qué los que llegaban tarde eran los primeros que se marchaban sin recibir la bendición final.

Para reflexionar y comentar

1. ¿Qué cosa nueva he aprendido acerca del comienzo de la Santa Misa?
2. ¿Qué parte de los Ritos Iniciales de la Misa me acerca más al Señor?
3. ¿Qué creo de la actitud de Fernando y Rosita sobre esta parte de la Misa?
4. ¿Puedo llegar a tiempo a Misa y desconectarme de mi vida diaria por unos minutos antes de comenzar mi encuentro con el Señor?
5. ¿Me siento acogido(a) por otros cuando al llegar a la Misa de mi comunidad me dispongo a participar en la Liturgia Eucarística?

2

LA LITURGIA DE LA PALABRA

A Fernando y a Rosita les impresionaron mucho las explicaciones que hizo el Padre Rubén sobre el desarrollo de la Liturgia de la Palabra. Ellos habían descubierto la Biblia después del Concilio, en un grupo de la parroquia que se reunía para meditarla. Y ahora la descubrían poco a poco a medida que los lectores o el diácono proclamaban las lecturas por secciones desde el ambón de la Iglesia.

Como miembros del grupo de oración, Fernando y Rosita pronto se dieron cuenta de que cada miembro del grupo escuchaba atentamente las lecturas con un corazón lleno de fe e interpretaba lo que leía desde su interior, pero faltaba algo. Faltaba unir lo que sentían los miembros del grupo en el presente a lo que venían sintiendo todos los cristianos desde el comienzo de la Iglesia, para que no hubiera malas interpretaciones. El Padre Rubén se refería a esta unión del presente con el pasado como la 'tradición'.

La iglesia comparte su tradición de generación en generación; por eso la llamamos católica, que significa universal. Con el Padre Rubén, y en la iglesia, Fernando y Rosita disfrutaban mucho más de las reflexiones de la Palabra. Y aunque el grupo se reunía los martes en la noche, la Palabra compartida del domingo les ayudaba a reflexionar mejor sobre el tema durante el resto de la semana. Como las lecturas aparecían en secuencia, es decir, de domingo a domingo, Fernando y Rosita podían seguir los textos de las cartas de los apóstoles y, sobre todo, del Evangelio que anuncia con profundidad la Buena Nueva de Jesús, el Señor.

■ ■ ■

La tradición apostólica relata cómo cuando se reunían los cristianos para la "fracción del pan" leían y comentaban las cartas de los apóstoles (Hechos 20:7-8), un poco al estilo en que en las sinagogas se compartía la lectura del Torah y de los profetas. Fue en el Oriente, a principios del siglo VI cuando esta práctica se hizo más formal con el fin de distinguir la Liturgia de la Palabra de la Liturgia de la Eucaristía. Cada familia litúrgica del Oriente hizo su propia selección de las lecturas bíblicas para acompañar el ritmo de las estaciones y la experiencia de su comunidad.

En la etapa más uniforme de la iglesia, después del Concilio de Trento, la Liturgia de la Palabra consistía en dos lecturas divididas por una antífona con versos de un salmo llamado "Gradual". La primera lectura se conocía como la 'epístola' y la segunda siempre fue el Evangelio. Esta estructura se estableció de una manera más uniforme en 1570 y permaneció así hasta alrededor de 1970 en que se promultó la primera edición del Misal revisado.

En esta nueva edición y por la reforma litúrgica ordenada por el Concilio, la iglesia quiso invitar a los fieles a conocer más profundamente al Dios revelado en la Palabra. Por ello, se añadió una segunda lectura en cada Misa dominical.

> *La Liturgia de la Palabra no es solamente una preparación para la Liturgia de la Eucaristía.*

La primera lectura por lo general es del Antiguo Testamento, aunque durante la temporada de Pascua de Resurrección esa primera lectura proviene de los Hechos de los Apóstoles. La segunda lectura revela el sentir de la iglesia por medio de las Cartas de los Apóstoles. El Evangelio, como tercera lectura, está dividido en tres años o ciclos A, B y C para poder saborear la Buena Noticia de Jesús por medio de los evangelistas Mateo, Marcos, Lucas y Juan.

En las Misas diarias existen dos ciclos, llamados Año I y Año II. Es importante que se proclamen las lecturas asignadas para el día porque mantienen una continuidad de narración y de sentido, sobre todo el Evangelio que destaca las enseñanzas del Señor. Esto, no obstante durante el Tiempo Ordinario el sacerdote puede escoger las lecturas señaladas en el Leccionario para las Misas especiales para varias ocasiones. También aparecen lecturas específicas en las fiestas de los santos o las solemnidades del Señor y de la Virgen, al igual que en la celebración de los sacramentos que el propio Misal señala como Misas Rituales (i.e. Matrimonio, Bautismo, Confirmación, Funerales o Exequias).

La Liturgia de la Palabra no es solamente una preparación para la Liturgia de la Eucaristía. Como dice la Constitución sobre la Sagrada Liturgia, Cristo está presente en la Palabra. Nuestra fe nace y madura cuando escuchamos y reflexionamos sobre la Palabra compartida por la predicación de la Iglesia. Aunque la Liturgia de la Palabra y la Liturgia de la Eucaristía constituyen un solo acto de culto, Cristo en su Palabra sacia nuestra sed de conocerlo mejor y nos abre el apetito de compartir su Cuerpo y Sangre en la Eucaristía.

1. Primera Lectura

En los primeros tiempos de la iglesia, los discípulos de Jesús seguían el culto de las sinagogas y leían textos de la Ley de los Profetas del Antiguo Testamento. Más adelante, y posiblemente en Roma, esta lectura se suprimió para prestar más atención a las Cartas de los Apóstoles. El artículo 51 de la Constitución de la Sagrada Liturgia recupera para nosotros la importancia del Antiguo Testamento y hace hincapié en la necesidad de contemplar el plan de Dios desde la perspectiva de la Ley y los profetas para reconocer a Jesús como el Mesías.

Con excepción de el Tiempo Pascual, tanto en las Misas diarias como en las dominicales, la primera lectura es del

Antiguo Testamento, sobre todo durante el Adviento y la Cuaresma cuando ésta se vincula aún más al Evangelio del día.

Al comienzo de la reforma litúrgica se utilizó mucho el rol del comentador que leía una monición para introducir esta primera lectura, y las siguientes, en la Liturgia de la Palabra. Con el paso de los años esta función quizás se haya hecho menos necesaria, a no ser que la liturgia eucarística sea bilingüe o en ella se utilicen varios idiomas. Se prefiere que los textos hablen por sí solos sin ninguna introducción y que el predicador los enlace de tal forma que, al entenderse mejor, se puedan aplicar a la vida cotidiana de los miembros de la asamblea congregada.

2. Salmo Responsorial

La liturgia de la sinagoga también incluía el canto de un salmo después de la primera lectura. Los cristianos adoptaron este ritmo. Los Salmos expresan el sentir del pueblo peregrino que se relaciona con Dios. Son muchos los sentimientos que expresan los Salmos; entre otros, la alegría de saber que Dios acompaña a su pueblo en las alegrías y en las tristezas de su historia. Esta alegría en los Salmos se transforma en alabanza y, a veces, la tristeza se convierte en lo que algunos llaman un 'lamento'.

Posteriormente, en Roma, un cantor se colocaba en uno de los escalones inferiores del santuario para entonar el Salmo; de ese *"gradus"* viene la palabra gradual, que más adelante se utilizó para definir el propio salmo que se canta después de la lectura.

El Salmo responsorial debe ser siempre cantado desde el ambón, porque forma parte integral de la Liturgia de la Palabra. El salmista o cantor entona la antífona que repite el pueblo y después sigue cantando las estrofas o versos del salmo, mientras que la asamblea se une en el canto de la antífona (o refrán) después de cada verso. Al igual que con el resto de la Liturgia de la Palabra, es importante que se preste atención a los textos que proclaman las maravillas de Dios en la vida del pueblo. En la reforma litúrgica se consideró el salmo responsorial como la respuesta a la primera lectura de la Misa.

3. Segunda Lectura

Esta lectura, que se conocía como 'epístola' siempre se escogía del tesoro de las Cartas de los Apóstoles. Como tal, la lectura aparece un poco independiente de la relación temática que asocia la primera lectura con el Evangelio. Sin embargo, casi siempre muestra el testimonio de la primera comunidad de cristianos ante las vicisitudes de la vida y la esperanza de una nueva vida con el Señor Resucitado.

Importa mucho que el homilista o predicador sepa colocar esta segunda lectura dentro del contexto de la Iglesia que anuncia y celebra su fe en Jesucristo y que alienta a los cristianos de hoy y de siempre a convertirse en luz en medio de las sombras de nuestra sociedad contemporánea.

4. Aclamación del Evangelio: Aleluya

La palabra en hebreo significa "Alaben a Dios". Aparece repetidamente en los Salmos del Antiguo Testamento y solamente una vez en el Nuevo Testamento, en el libro de la Revelación o Apocalipsis. Aunque en sus comienzos solamente se cantaba en la Pascua, después se extendió a otros tiempos litúrgicos con excepción de la Cuaresma, cuando el canto del Evangelio es una aclamación distinta (i.e. Gloria a ti, Señor Jesús, o alguna parecida).

Tal parece que a través de los siglos se fueron añadiendo sonidos sin palabras al canto del Aleluya. En la Edad Media, según algunos escritores, se añadieron textos poéticos a estos tonos, forjando millares de secuencias que, como composiciones musicales independientes, se cantaron después del Aleluya en muchas celebraciones y por muchos siglos. En la actualidad el *Misal Romano* nos presenta cuatro secuencias solamente: las obligatorias en Pascua (*Victimae Paschalis*) y Pentecostés (*Veni Creator Spiritus*), y las opcionales en la solemnidad del Corpus Christi (*Pange Lingua*) y en la fiesta de Nuestra Señora de los Dolores (*Stabat Mater*).

5. Evangelio

Desde sus orígenes, la Iglesia mostró la primacía de la proclamación del Evangelio como el momento cumbre de la Liturgia de la Palabra. Tradicionalmente, es el diácono, como imagen del servidor, el que proclama el Evangelio o, en su ausencia, el sacerdote. La proclamación se debe hacer desde el ambón con el libro litúrgico que contiene los cuatro evangelios y es conocido como el Evangeliario, mientras que toda la asamblea se pone de pie para reconocer la presencia de Cristo Resucitado en la Palabra.

Desde sus orígenes, la Iglesia mostró la primacía de la proclamación del Evangelio como el momento cumbre de la Liturgia de la Palabra.

Como las procesiones y el uso del incienso se introdujeron en las Misas a imitación del estilo de la Corte a partir del siglo XI, también puede haber una procesión con velas e incienso antes de la proclamación del Evangelio. Desde entonces, como hoy en día, se aclamaba a Cristo antes y después de la lectura. Aparentemente, en Roma, ya en el siglo VIII se daba a besar el Evangeliario al clero y a veces a toda la asamblea; más adelante se reservó esta práctica al sacerdote u obispo que presidía.

El Evangelio proclamado comunica las enseñanzas de Jesús, a veces como instrucciones y en otras ocasiones por medio de parábolas. Así como Dios nos habla por medio de su Hijo, también nos pide una respuesta de fe nacida de nuestra conversión al Señor que revela su amor y su paz en esta proclamación. ¡Cuán importante es, por lo tanto, que tanto los diáconos como los sacerdotes preparen bien esta proclamación y comprendan su contexto y trascendencia!

6. Homilía

De por sí, las lecturas de los textos bíblicos exigen una explicación. En los primeros dos siglos el obispo compartía dicha explicación o reflexión con la asamblea. De la misma manera que se partía la Eucaristía para alimento de los presentes y de los ausentes, se compartía la Palabra de Dios para orientar a los cristianos en su vida diaria.

La Iglesia ha incluido en el Breviario o Liturgia de las Horas un tesoro maravilloso de homilías que datan de los Padres de la iglesia, sobre todo de a partir del siglo II. A través de los siglos nos llegan las homilías de san Justino mártir, san Agustín, san Juan Crisóstomo, san Ambrosio, san León Magno y de tantos otros Padres de la iglesia que relacionan sus reflexiones a las lecturas del día y solicitan de la asamblea una respuesta de fe, de esperanza y de caridad.

Cuentan algunos escritores que a partir de la Edad Media la homilía se desconectó de las lecturas del día para concentrarse en temas a veces abstractos que no conducían a una aplicación pastoral en la vida de los fieles. Evidentemente, el artículo 52 de la Constitución de la Sagrada Liturgia del Concilio Vaticano II exhorta a que en todas las Misas se haga una homilía, que parta de las Sagradas Escrituras proclamadas, y la ordena específicamente para las Misas que se celebran los domingos y fiestas de precepto.

Como parte integral de la Liturgia de la Palabra, la homilía no es una clase de Biblia ni una exhortación a la moral cristiana sin bases bíblicas. Es la extensión de la Palabra de Dios que ha de suscitar en los fieles una conversión al Señor y a la iglesia y los dispone para celebrar mejor la Eucaristía.

7. Despedida de los catecúmenos y candidatos

"¿Por qué se marchan del templo?", le preguntaba Fernando al Padre Rubén un domingo de Cuaresma. La respuesta fue sencilla y educativa: "porque son catecúmenos". Ante la mirada extrañada del feligrés, el Padre Rubén continuó: "Desde que son aceptados como candidatos para el Bautismo, estos adultos se van preparando de diversas maneras porque ya no son niños. Aquí escuchan la Palabra y después conversan más sobre ella en oración con uno de nuestros dirigentes. No se pueden quedar a profesar la fe, porque todavía no han sido bautizados, pero todos nos preparamos como iglesia para darles una bienvenida calurosa la noche de la Pascua, en la Vigilia. Ya entonces se bautizan, se confirman y hacen la primera comunión".

■ ■ ■

El RICA, Rito de Iniciación Cristiana de Adultos, fue restaurado en la Iglesia en 1972 y desde finales de esa década es obligatorio en los Estados Unidos. Es un proceso de iniciación para adultos y para niños con edad catequética que quieren ser abrazados por Dios en el bautismo y vivir injertados en la Iglesia que los recibe. Casi siempre, el proceso se hace en cada parroquia y desde el primer domingo de Adviento hasta la Pascua cada candidato o catecúmeno vive acompañado de un 'esponsor', miembro de la comunidad, que lo anima y lo ayuda a crecer en su deseo de vivir el compromiso de fe. El proceso incluye oración, contacto y reflexión con la Palabra, clases de doctrina, y un aprendizaje de cómo vivir la vida cristiana en la sociedad contemporánea. El proceso también incluye a aquellos bautizados en otras iglesias cristianas que ahora quieren ser católicos, y a otros bautizados católicos que nunca se han encontrado con Cristo en los sacramentos de la Confirmación y de la Eucaristía y que, por fin, quieren hacerlo por medio de un compromiso en la comunidad. De hecho, después de escuchar la homilía el celebrante los despide para que sigan reflexionando sobre la Palabra compartida.

8. Profesión de Fe

En los primeros siglos de la iglesia, la profesión de fe estuvo siempre asociada a la iniciación de nuevos miembros por el Bautismo. El catecúmeno o candidato era sumergido en el agua y el obispo le pedía que respondiera a las preguntas de rigor. Después de cada respuesta se sumergía de nuevo al candidato para que recibiera por el agua el Espíritu Santo, como lo ordenó el Señor. A partir de los finales del siglo IV se le entregaba al catecúmeno un texto completo que tenía que memorizar antes de recibir su iniciación en la iglesia y al Credo se le llamaba el "símbolo".

De esta práctica bautismal se trasladó la profesión de fe a la Misa del domingo primero en el Oriente y después en Occidente. Son dos las versiones del Credo como resumen de la fe de la iglesia a la que todos pertenecemos: el Credo expresado por el Concilio de Nicea en el año 325 y el de Constantinopla del año 381, ratificado en el 451 por el Concilio de Calcedonia. Ambas versiones aparecen en el *Misal Romano* y se pueden utilizar en la liturgia de hoy. Ya desde el siglo XI se recitaba el Credo todos los domingos y en las fiestas señaladas por el propio Credo, aunque se añadieron otras al transcurrir el tiempo, especialmente las solemnidades del Señor y de la Virgen.

> **El símbolo o profesión de fe se canta o se recita siempre de pie y se convierte en una respuesta comunitaria a la Palabra proclamada y compartida.**

El símbolo o profesión de fe se canta o se recita siempre de pie y se convierte en una respuesta comunitaria a la Palabra proclamada y compartida, un resumen claro de nuestra identidad como católicos, ya que muestra en pocas líneas las doctrinas de nuestra iglesia. Es importante hacer notar que a las palabras "y por obra del Espíritu Santo se encarnó de María Virgen y se hizo hombre" todos se inclinan, mientras que en las solemnidades de la Anunciación y de la Natividad del Señor, todos hacen una genuflexión.

9. Oración de los fieles o Plegaria Universal

El mejor modelo de estas oraciones, según la tradición antigua, aparece en las diez plegarias que siguen a la Liturgia de la Palabra del Viernes Santo. Aunque estas peticiones formaban parte del camino de fe de los catecúmenos, a quienes se despedía antes de la Liturgia de la Eucaristía, después desaparecieron hasta que fueron restauradas por el Concilio Vaticano II.

Estas oraciones no son personales, sino que invitan a que los fieles encomienden más genéricamente las necesidades de la Iglesia, del mundo, de la parroquia y de los más pobres de la comunidad. Tienen su propia estructura y deben ser diferentes a las peticiones que con tanta fe se hacen en grupos de estudios bíblicos o en grupos pequeños. El obispo o sacerdote que preside invita a que los fieles se unan en estas oraciones y las relaciona al misterio que se celebra. Un diácono, o en su ausencia una persona laica, lee cada intención a la que la asamblea responde en conjunto. El celebrante, guardando un breve silencio después de la última petición, resume las súplicas de la asamblea y las dirige en nombre de todos al Padre. Todos concluyen con un fuerte "Amén".

En ciertas celebraciones, cuando se cantan las letanías de los santos, tal y como se hace en la Vigilia Pascual o en la ordenación de un obispo o de varios sacerdotes, se suprimen estas plegarias. De hecho, un cantor puede entonar las oraciones de los fieles e invitar a que la asamblea cante la respuesta a las peticiones. Debido al contexto de estas peticiones, y a su relación con la Palabra proclamada, se sugiere que no sean muchas las peticiones que se hagan. El *Misal Romano* provee modelos para la plegaria universal en uno de sus apéndices.

Para reflexionar y comentar

1. ¿Qué momento de la Liturgia de la Palabra me hace sentir más cerca de Dios?
2. ¿Se canta el Salmo Responsorial cada domingo en mi comunidad? ¿Me ayuda a rezar mejor?
3. ¿Conozco a otras personas adultas a las que pueda invitar para que se preparen para el Bautismo, la Confirmación y su Primera Comunión? ¿Cómo hago para invitarlos?
4. ¿Le agradezco al padre sus palabras en la homilía? ¿Qué otras sugerencias le puedo hacer?
5. ¿Cuáles son las necesidades de la Iglesia universal y de la Iglesia local que convendría tener presente en las Oraciones de los Fieles?

3

PRESENTACIÓN Y PREPARACIÓN DE LAS OFRENDAS

Con el tiempo, la Liturgia de la Eucaristía se separó de la Liturgia de la Palabra. Desde el comienzo de la Iglesia, la comunidad cristiana celebraba el mandato de Jesús en el contexto de una comida. Los discípulos de Jesús se reunían como en una convivencia 'pot luck' y traían alimentos para compartirlos con otros y dentro de esa reunión familiar, celebrada el domingo, el día del Señor, se repetían los ya tan conocidos gestos que el Señor realizó en su Última Cena: 1) tomó pan; 2) dio gracias; 3) partió el pan; 4) se lo dio a sus discípulos: 5) al final de la cena tomó una copa de vino; 6) dio gracias; y 7) compartió la copa con los presentes.

La pobreza de algunos miembros de la primera comunidad y algunos abusos sobre la comida común (1 Corintios 11:18), entre otros factores, dieron lugar a que se forjara una nueva estructura de la sagrada Cena, se simplificaran algunos de los ritos y, con el tiempo, se añadieran otros. Tomemos, pues, la liturgia eucarística por secciones y comencemos a explorar cada sección de acuerdo con la forma en que la iglesia pide nuestra participación. Es bueno recordar que cada Eucaristía es un banquete por el que el Señor alimenta a sus discípulos y un sacrificio que conmemora su muerte y resurrección para la salvación del mundo.

1. Preparación del Altar

A Rosita, este rito le recordaba cuán especiales eran las cenas familiares en su familia y cuánto se esmeraba su abuelita por preparar la mesa para que todos los comensales se sintieran en su casa y disfrutasen de la compañía y del amor familiar. Rosita le contaba a Fernando que durante esas cenas familiares si algún invitado llegaba resentido o molesto a la cena, regresaba a su hogar alegre y en paz. La comida siempre era algo más que ingerir alimentos; era un vínculo familiar que unía a los presentes y les ayudaba a compartir sus alegrías y sus penas. En cierta forma y casi sin darse cuenta, los invitados descargaban el peso que los agobiaba y recuperaban armonía y paz para seguir caminando por la vida.

∎ ∎ ∎

En la Iglesia, el altar es símbolo de Cristo porque recuerda su entrega en la cruz. Por ello, cuando se pasa por delante del altar antes o después de la celebración, se hace una reverencia con la cabeza, por respeto. En el caso de que el Sagrario esté colocado detrás del altar donde se guarda la

Sagrada Eucaristía para los enfermos de la comunidad, se hace una genuflexión. En el Oriente, el altar siempre ha sido símbolo de la tumba de Cristo.

> **En el Oriente, el altar siempre ha sido símbolo de la tumba de Cristo.**

Durante la celebración, el altar se reviste con los siguientes elementos: un mantel de hilo (que en muchos sitios ya está colocado), un corporal o paño grande pero más pequeño que el mantel donde se colocan los vasos sagrados, los purificadores que el padre utiliza con su cáliz o con las copas que distribuyen la comunión a la asamblea, el propio cáliz y el Misal. Por lo general, el diácono o un acólito preparan el altar para cada celebración.

En la Edad Media este gesto sencillo de preparar el altar adquirió un matiz solemne que dio lugar a que los ministros asistentes trajesen el corporal y los vasos sagrados casi en un estilo procesional. De hecho, ya para el siglo XVI se redujo el tamaño del corporal. Hoy, con el uso de varios cálices y copones para la distribución de la asamblea, puede ser de un tamaño amplio.

■ ■ ■

Rosita siempre se esmeró para que los paños del altar estuviesen limpios y fuesen dignos del sacrificio de la Misa, de la Cena tan maravillosa que compartían cada domingo. Con un equipo de señoras que ella misma organizó lavaba, limpiaba y cosía todo lo necesario para cada celebración de los sacramentos de la comunidad parroquial.

A Fernando siempre le impresionó la procesión de los fieles hacia el altar. Cuando se dio cuenta de que su ministerio de ujier no se limitaba a la recogida de la colecta para la iglesia, aprendió a ayudar en el movimiento de los fieles durante la celebración para que no hubiese interrupciones, para atender a las posibles necesidades de los presentes, y para facilitar que el movimiento de los fieles y de los servidores del altar marcase un ritmo respetuoso y sagrado durante la Misa.

2. Presentación de las Ofrendas

A través de la historia se notan diferentes épocas que marcan este rito de la presentación de los dones: desde el momento en que el diácono sencillamente le presentaba al obispo el pan y el vino, hasta la procesión del pueblo congregado no sólo con pan y vino sino con lo mejor de la cosecha, los primeros frutos de la tierra, que se ofrecían al Señor, quien entregó su vida por todos. De hecho, a partir del siglo XI esta procesión con tantos dones se sustituyó por el donativo de dinero. Ya para entonces se había sustituido el pan con levadura por pan sin levadura y casi había desaparecido la recepción de la comunión.

Hoy en día, el rito de la presentación es de nuevo muy sencillo. Algunos miembros de la asamblea traen el pan y el vino y se lo presentan al celebrante; también pueden traer ofrendas para los pobres. Puede acompañar a la procesión un canto apropiado que no tiene que destacar siempre el pan y el vino que se ofrecen; en vez de un canto, en este momento se puede seleccionar música instrumental. En las fiestas de la Virgen, éste es momento muy apropiado para ofrecerle un canto a la Madre de Dios, ya que durante la comunión se utilizan cantos relacionados con la Eucaristía.

En algunos lugares, este rito parece mucho más complejo, quizás como respuesta a la invitación que hiciera el artículo 37 de la Constitución de la Sagrada Liturgia sobre la adaptación cultural. En el África católica, cada miembro de la comunidad lleva su ofrenda al altar al ritmo de canto y danza; es un momento cumbre de la celebración por el que la asamblea se identifica con los dones que lleva y ofrece todo su ser con Jesús sobre el ara del altar. En algunas de nuestras fiestas latinas en los Estados Unidos, sobre todo fiestas de la Virgen, el pan y el vino no es suficiente. En muchas ocasiones se ofrecen símbolos propios de un grupo cultural que ha preparado la liturgia. Esto sirve de puente entre la vida de fe en este país y las tradiciones católicas de los distintos grupos (i.e. Fiestas Patronales, Aguinaldos de Navidad, Posadas).

3. Oraciones en la preparación de las ofrendas y la mezcla del agua y el vino

La historia nos recuerda que después del siglo XI se añadieron más oraciones con relación a la preparación de las ofrendas que provenían de los ritos de diferentes familias litúrgicas del Oriente y de Europa; de hecho, en 1570 se uniformaron las palabras que acompañaban a estas acciones para relacionar al sacerdote celebrante con los dones que ofrecía.

En la actualidad, el Ordinario de la Misa pone énfasis en la alabanza a Dios que nos da el regalo del pan y del vino de la tierra que se han de transformar por la acción del Espíritu Santo en alimento divino. El sacerdote ofrece el pan: "Bendito seas Señor, Dios del universo, por este pan, fruto de la tierra..." y la asamblea responde con una aclamación: "Bendito seas por siempre, Señor". Lo mismo hace con el cáliz, fruto de la vid. Por lo general, el diálogo entre el celebrante y la asamblea es más común en las Misas diarias, ya que el domingo este rito casi siempre va acompañado por el canto de la asamblea; en ese caso, el sacerdote prepara los dones en privado y realiza los gestos apropiados.

La costumbre de mezclar agua con vino era frecuente en el mundo secular de la antigüedad. De ahí pasó al ambiente religioso tanto en Oriente como en Occidente y se le añadió una interpretación simbólica: la unión de Cristo con la Iglesia y la unidad entre la naturaleza humana y divina de Cristo. El sacerdote coloca una gota de agua en el cáliz antes de ofrecerlo durante la preparación de los dones. Cuando el diácono está asistiendo en el altar, es el diácono quien hace la oración durante la mezcla y le presenta los dones al celebrante para que haga el ofrecimiento en nombre de la asamblea congregada.

4. Incensación y lavatorio de la manos

El celebrante puede utilizar el incienso en las celebraciones según las costumbres de la comunidad o en aquellas que la propia liturgia reclama. Por ello, en las grandes solemnidades del Año Litúrgico se utiliza el incienso al comienzo de la Misa y se inciensan el altar y la cruz procesional, el libro de los Evangelios antes de la proclamación; igualmente, después de la presentación de los dones y de las oraciones de la preparación, el celebrante inciensa de nuevo el altar con las ofrendas y la cruz procesional, y le entrega el incensario al diácono o a un acólito, quien a su vez inciensa al propio celebrante, a los concelebrantes, y a la asamblea.

Cuentan los liturgistas que el uso del incienso proviene del Oriente; su uso en la Iglesia de Roma comenzó en el siglo VII y apareció completamente integrado a la Liturgia de Roma en el siglo XIV. Evidentemente, el gesto de la incensación indica reverencia y respeto hacia los símbolos sagrados que forman parte integral de la celebración, pero también indica la unidad de la asamblea con esos dones. Por medio del incienso, nos ofrecemos junto con los dones del pan y del vino para hacer eco del salmo que nos llama a convertirnos en una oración que sube hasta el Señor como el incienso que ofrecemos.

En la tradición judía la purificación del cuerpo con el agua era casi continua, ya que el contacto con cualquier aspecto desechable de la vida humana se consideraba un contacto con la muerte y clamaba por limpieza o purificación; de ahí las piscinas en los atrios del Templo de Jerusalén y los ritos asociados con el agua dentro y fuera del Templo. En nuestra tradición, el gesto del lavatorio de las manos del celebrante se introdujo después de recoger los dones que llevaban al altar los miembros de la asamblea. Más adelante se añadieron palabras para interpretar no sólo el lavatorio físico del celebrante, sino su purificación interior. Hoy en día al gesto del lavatorio el propio sacerdote casi en silencio le añade estas palabras del Salmo 51:2, "Lava del todo mi delito, Señor, limpia mi pecado".

> *Evidentemente, el gesto de la incensación indica reverencia y respeto hacia los símbolos sagrados que forman parte integral de la celebración, pero también indica la unidad de la asamblea con esos dones.*

Una vez que los dones se han presentado y ofrecido, el celebrante invita a la asamblea a que ore sobre ellos. Exclama el conocido "Orate Fratres", "Oren hermanos y hermanas para que este sacrificio mío y de ustedes sea agradable..." La asamblea se pone de pie desde que el celebrante comienza la invitación y hace la respuesta correspondiente: "El Señor reciba de tus manos este sacrificio para alabanza y gloria de su nombre, para nuestro bien y el de toda su santa Iglesia".

5. Oración sobre las Ofrendas

Con frecuencia esta oración pasa inadvertida para los miembros de la asamblea por la serie de gestos y palabras que la preceden. De hecho, este es el momento cumbre de todo el rito de la preparación del altar y de la presentación de las ofrendas. Así como los ritos iniciales de la Misa nos conducen hacia el texto de la oración colecta, todos los ritos de esta parte de la Misa nos conducen hacia esta oración que el celebrante reza sobre los dones presentados. Esta oración es menos compleja y extensa que la oración colecta de los ritos introductorios de la Misa.

Aunque esta oración se hacía en voz alta al comienzo del desarrollo de la liturgia, hacia el siglo VIII se adoptó la costumbre de los francos de hacerla en silencio; por largo tiempo se conoció como "la secreta". La reforma litúrgica del Concilio Vaticano II recuperó la importancia del momento y la forma original según la cual el celebrante la recita en voz alta y la asamblea le responde con un rotundo Amén. En cierta forma, esta oración traduce en palabras el gesto de la incensación que destaca la unidad de los fieles con los dones presentados y el propio celebrante que los ofrece.

■ ■ ■

Por las instrucciones del Padre Rubén, Fernando y Rosita entendieron que en la antigüedad la parte de traer las ofrendas al altar y ofrecerlas junto con el sacerdote era muy sencilla. No había procesión hacia el altar y las oraciones del obispo sobre el pan y el vino eran muy concisas y breves. El Padre les explicaba en una ocasión que, como sucedió con otras partes de la Misa, esta presentación y ofrenda de los dones que al principio era tan sencilla, se fue elaborando con muchas palabras y gestos; y aunque la reforma litúrgica actual simplificó todo el rito, en los comienzos se utilizó la palabra Ofertorio para describirlo. En realidad, la belleza del rito depende de la sencillez con que los ministros realizan los gestos que apuntan hacia la oración del celebrante sobre las ofrendas que han de transformarse en el Cuerpo, Sangre, Alma y Divinidad de Jesucristo.

Para reflexionar y comentar

1. En mi comunidad parroquial, ¿se llevan otros símbolos al altar junto con el pan y el vino?
2. Si la Cruz procesional se utiliza al comienzo de la Misa, ¿por qué en ciertas comunidades se vuelve a utilizar para por segunda procesión? ¿No sería mejor que un ministro fuese a guiar a los que traen las ofrendas sin necesidad de llevar la Cruz procesional?
3. ¿Cómo expresan su servicio los 'ujieres' de nuestra comunidad parroquial?
4. ¿Qué aspecto o elemento de la presentación y ofrenda de los dones me dispone mejor a acercarme al Señor?

4

LA PLEGARIA EUCARÍSTICA

El *berakah* judío es la bendición por la que el padre de familia alaba a Dios en nombre de todos los que se han congregado para la cena del sábado. Durante la bendición, sostiene el pan y lo parte para la distribución de los presentes. En la comida de la Pascua, los textos que se pronuncian durante esta cena ritual forman parte de un memorial más extenso que recuerda la liberación del pueblo de Israel de Egipto y su llegada a la tierra prometida. Al final de la cena, y sobre una copa de vino, el *berakah* se convierte en una oración que incluye las súplicas para el presente y el futuro de la familia y del pueblo de la Alianza.

Evidentemente, durante esta cena ritual Jesús dio una nueva dimensión a las palabras y a los gestos que por lo regular formaban parte de esta tradición y añadió las palabras claves que la iglesia ha transmitido hasta el presente: "éste es mi cuerpo" y "ésta es mi sangre". Después de la Resurrección y Ascensión, los apóstoles continuaron la práctica de partir el pan "en memoria" del Señor. La reunión de los cristianos era tan especial que con el tiempo esta celebración se fue ampliando hasta incluir los temas de alabanza, acción de gracias, memorial y súplica. De ahí nace esta oración extensa que el celebrante hace desde el altar; conocida como la Plegaria Eucarística, en ella proclama la Nueva Alianza en el Señor Jesús que todos compartimos por el Bautismo y la Confirmación.

Hasta el siglo IV, la plegaria del que presidía la cena eucarística admitía improvisaciones en torno a las palabras sobre el pan y el vino. A partir del siglo IV en la liturgia latina disminuyeron las improvisaciones y se conoció solamente el *Canon Romano* que se publicó formalmente hacia el siglo VII. Es la Plegaria Eucarística o Canon que prevaleció hasta 1970.

Después del Concilio Vaticano II, una comisión llamada *Consilium* estudió el *Canon Romano* y recomendó ampliar la *eucología* o número de plegarias para la Misa. Se modificó el *Canon Romano* y se le llamó Plegaria Eucarística I; se recuperó la Plegaria de la Tradición Apostólica del siglo II, atribuida a Hipólito de Roma, y se la llamó Plegaria Eucarística II; se añadieron la Plegaria Eucarística III y la IV, ésta con elementos de alabanza que provienen de la tradición oriental.

En 1974 se aprobaron tres Plegarias Eucarísticas para la Misa con Niños con directrices especiales que incluían más diálogo, incluso cantado, entre el celebrante y la asamblea de niños. En 1975 con motivo del Año Santo, se promulgaron dos Plegarias más con el tema de la Reconciliación.

Finalmente, hacia 1986 en el mundo hispánico y 1996 en los Estados Unidos, se promulgó la Plegaria Eucarística V con cuatro Prefacios diferentes y con modificaciones dentro de los diferentes temas propuestos en cuatro versiones de la misma plegaria, conocida como Va, Vb, Vc y Vd y destinadas para las Misas y oraciones por diversas necesidades.

> *Hasta el siglo IV, la plegaria del que presidía la cena eucarística admitía improvisaciones en torno a las palabras sobre el pan y el vino.*

De hecho, cada celebrante puede escoger para la Misa una de trece versiones de Plegarias Eucarísticas de acuerdo con los temas indicados por el Año Litúrgico o las circunstancias propias de la comunidad congregada para el culto. En cada Plegaria Eucarística aparecen una serie de elementos comunes que hemos de examinar en los siguientes párrafos para entender mejor no sólo los textos que proclama el sacerdote sino también la respuesta de la asamblea por medio de palabras, gestos y posturas.

1. El Prefacio y el Santo, Santo, Santo

Con este diálogo entre el sacerdote y la asamblea comienza propiamente la Plegaria Eucarística. Prefacio significa "proclamación". Los textos de más de 80 prefacios que aparecen en el *Misal Romano* proclaman la obra de Dios en la creación y en la salvación por medio de su Hijo amado, aunque el énfasis de esta proclamación aparece matizado por los temas propios del Año Litúrgico. Algunas de las Plegarias Eucarísticas mantienen su propio prefacio que comienza siempre con el mismo diálogo entre el celebrante y la asamblea.

Al saludo "El Señor esté con vosotros (ustedes)" responde la asamblea, "Y con tu espíritu". Es notable el uso del verbo 'estar'. El saludo es un deseo, casi una bendición; por ello "esté" es más apropiado que el uso de "está" que simplemente indica el presente. Importa mucho que los celebrantes entiendan bien el sentido que la iglesia quiere comunicar al escoger ciertos textos que conllevan no sólo un presente transformador sino un futuro lleno de esperanza. Al saludo original le siguen otras exhortaciones que en forma de diálogo preparan a la asamblea para esta proclamación tan especial.

La proclamación concluye con una aclamación, la primera de tres que requieren la participación de la asamblea durante la Plegaria Eucarística. En esta primera aclamación, la asamblea entona un canto de alabanza usando las palabras que Isaías, el profeta, exclamara ante la llamada de Dios (capítulo 6, 2-3): "Santo, Santo, Santo es el Señor Dios del universo" y que se utilizaran en la liturgia de las sinagogas.

A la aclamación que formó parte de la Plegaria desde el siglo V, se añadió en el siglo VI por influencia de la liturgia de las Galias el versículo que anuncia la entrada de Jesús en Jerusalén: "Bendito sea el que viene en el nombre del Señor" (Mateo 21:9).

Desde sus comienzos, la asamblea cantaba ésta y otras aclamaciones, aunque a partir de la Edad Media formaron parte exclusiva del repertorio de los coros. Al pasar de los siglos, los textos tan claros y sencillos de estas aclamaciones bajo la inspiración de muchos músicos se convirtieron en composiciones tan complejas que dejaron de formar parte del canto de la asamblea. El propio Papa san Pío X las suprimió a principios del siglo XX exhortando al retorno del canto gregoriano que, de por sí, se canta a una sola voz. La reforma del Vaticano II ha recuperado la sencillez de estos textos invitando a los músicos a que hagan composiciones nuevas y sencillas que respeten la autenticidad de los textos, para que tanto el celebrante como la asamblea puedan alabar a Dios por su creación y su salvación al comienzo de la Plegaria Eucarística.

2. Epíclesis

Aunque no forme parte de nuestro vocabulario común, la palabra epíclesis, que viene del griego, significa "invocación". Esta es la invocación que hace el sacerdote sobre los dones preparados en el altar. Con este gesto, el celebrante suplica que el Espíritu Santo descienda sobre los dones y los transforme en el Cuerpo y Sangre del Señor.

La epíclesis ha asumido varias formas en la historia de la liturgia. En el primer siglo y ante la urgencia de esperar la segunda venida de Jesús, esta invocación se hacía al final de la Plegaria Eucarística. Más adelante se relacionó con los dones sobre el altar y expresaba la súplica de que el Espíritu Santo produjera en los fieles los frutos de unidad y de paz que nacen de la propia Eucaristía.

En la actualidad, el celebrante coloca sus manos sobre los dones y, trazando la señal de la cruz sobre ellos, hace esta invocación pidiendo que venga el Espíritu Santo. Igualmente, después de la institución, de la aclamación y del ofrecimiento, pide de nuevo que el Espíritu Santo convoque a todos los presentes en la unidad para que formen un solo cuerpo y un solo espíritu. En el *Canon Romano*, a diferencia de las otras Plegarias, el celebrante no hace la señal de la cruz sobre los dones.

De esta invocación surgieron dos escuelas teológicas. En el Occidente, se subrayaron más las palabras de la institución. Entre los griegos, se puso énfasis en la acción del Espíritu que santifica conjuntamente los dones y los fieles. Tal parece que en la Edad Media se quiso precisar el momento específico de la consagración creando una gran controversia entre el Occidente y el Oriente. De hecho, la reforma litúrgica del Concilio Vaticano pone un fuerte énfasis en la unidad dinámica de toda la Plegaria Eucarística.

3. Narración de la Institución

Las palabras de la institución o consagración se han mantenido intactas a través de los siglos. La tradición apostólica enunciada primero por san Pablo (1 Corintios 11:23-27) describe los gestos que el Señor realizara en la Última Cena para permanecer entre nosotros hasta su retorno. Son las mismas palabras que cada obispo o sacerdote proclama ante el altar en este momento de la Plegaria Eucarística.

Las palabras de la institución o consagración se han mantenido intactas a través de los siglos.

Tanto la elevación de la hostia como la elevación del cáliz fueron insertadas en la narración de la institución de la Eucaristía, o consagración, posteriormente; la elevación de la hostia en el siglo XII y la del cáliz en el siglo XIV. Ambas quedaron fijas con el Misal de Pío V de 1570 y permanecen así en la reforma de 1970, al igual que las genuflexiones que hace el celebrante después de cada elevación. Se añadió la frase "que será entregado por vosotros (ustedes)" a las palabras sobre el pan; esta ha sido tomada de Lucas 22:19 y de 1 Corintios 11:24.

4. Aclamación Memorial

Después de la consagración, el celebrante invita a que la asamblea cante o responda el anuncio del misterio de fe que está presente ante todos: "Este el Sacramento (o misterio) de nuestra fe". De hecho, el texto único en castellano ofrece otras dos invitaciones para el uso del celebrante: "Aclamen el Misterio de la redención" y "Cristo se entregó por nosotros" y tres aclamaciones de la asamblea que proclaman con alegría la realidad del Misterio Pascual presente en el misterio Eucarístico: "Anunciamos tu muerte, proclamamos tu resurrección, ¡Ven, Señor Jesús!, o "Cada vez que comemos de este pan y bebemos de este cáliz, anunciamos tu muerte, Señor, hasta que vuelvas", o "Por tu cruz y resurrección nos has salvado, Señor".

Es probable que los obispos de los Estados Unidos soliciten una excepción para añadir la traducción de la aclamación que es más conocida en inglés y que algunos han traducido como "Cristo ha muerto, Cristo ha resucitado; Cristo volverá". Se debe notar que las aclamaciones memoriales van dirigidas a Jesús, el Señor, mientras que toda la Plegaria Eucarística, como todas las oraciones o plegarias, va dirigida al Padre. Las tres aclamaciones originales expresan el anuncio dinámico del Misterio Pascual. La cuarta, que se canta como primera en inglés, más bien declara la realidad del misterio y el tono es, por lo tanto, diferente.

5. Anámnesis

Como la palabra 'epíclesis', esta palabra también procede del griego. Significa "hacer memoria". Los judíos se reunían a celebrar la Pascua cada año; es el memorial de su liberación de la esclavitud. Los primeros discípulos de Jesús, llamados cristianos por primera vez en Antioquía, se reunían para recordar la acción salvadora de Dios, realizada por Jesucristo con su muerte y resurrección. La iglesia recibió este mandato de Jesús y cada Plegaria Eucarística es un memorial de nuestra liberación en Jesús de la muerte y del pecado.

Esta oración o anámnesis prosigue a la consagración

y nos hace recordar varios aspectos del Misterio Pascual. El énfasis de este memorial puede aparecer en diversas formas según el contexto de la Plegaria Eucarística que el celebrante escoja para la Misa: la pasión, resurrección y ascensión del Señor, su descenso entre los muertos, y su gloriosa venida de nuevo.

6. Ofrecimiento

Han sido cuatro los elementos importantes que, después de la aclamación conocida como el "Santo, Santo, Santo", forman parte de la Plegaria Eucarística:

- la epíclesis,
- la narración de la institución de la Eucaristía o consagración,
- la aclamación memorial de la asamblea y
- la anámnesis u oración memorial que hace el sacerdote.

A estos elementos añadimos, entre otros, el ofrecimiento.

Después de recordar el Misterio Pascual, presente en la Eucaristía, el celebrante ofrece los dones consagrados haciendo eco del aspecto de 'sacrificio' que la propia Plegaria indica. En el Canon Romano (Plegaria I), se compara este ofrecimiento al de Abel, Abrahán y al del sumo sacerdote Melquisedec. El celebrante pide que el sacrificio sea llevado al altar en el cielo. El ofrecimiento aparece también en las otras plegarias con distintas expresiones.

Este elemento de la plegaria vincula el sacrificio único de Cristo en la Cruz con el memorial del sacrificio de la Iglesia en el altar. La Iglesia alaba a Cristo por la entrega que realizó de una vez para siempre.

7. Intercesiones

En cada Plegaria Eucarística aparece un grupo de peticiones que el celebrante hace en nombre de toda la asamblea y que están relacionadas con el sacrificio que se ofrece.

En la antigüedad, la Iglesia en Antioquía, hoy Siria, ofrecía estas peticiones al final de la plegaria mientras que en el norte de África se hacían antes de la consagración. En la Plegaria I o *Canon Romano*, aparecen peticiones antes y después de la consagración.

El estilo de Antioquía prevalece en el resto de las plegarias Eucarísticas. El celebrante, por lo tanto, hace diversas peticiones después del ofrecimiento de los dones consagrados. El orden de estas peticiones, que a veces se asemeja al de las oraciones universales de la Liturgia de la Palabra, incluye: la iglesia, el Papa y los pastores de la Iglesia, sobre todo el obispo diocesano, las necesidades de la comunidad que celebra y los difuntos.

De hecho, así nos damos cuenta de que toda la Plegaria Eucarística despliega una estructura compuesta por elementos diversos: la asamblea invoca al Espíritu Santo, es testigo de la presencia de Cristo en los dones sobre el altar, recuerda el memorial de su entrega, se ofrece con los dones consagrados y pide por las necesidades de la Iglesia universal y local, por los pobres, los enfermos y los difuntos. Los fieles, al concluir la Plegaria, aclaman a una voz, y casi siempre cantado, un fuerte AMÉN, ¡Así sea!

8. Doxología Final

Esta expresión proviene de la palabra griega 'doxa' que significa 'gloria'. La asamblea se une en una alabanza que anuncia la gloria de Dios realizada por la entrega de su único Hijo, el Misterio Pascual que recordamos en cada celebración de la Santa Misa.

En su Apología, ya en el siglo II, Justino señalaba cómo al concluir la Plegaria Eucarística todo el pueblo daba un "Sí" con el Amén al misterio revelado en el que participaban activamente. A través de la historia, este gesto se fue reduciendo de tal forma que en la Edad Media el sacerdote elevaba la hostia sobre el cáliz y casi en silencio concluía la Plegaria después de hacer varias cruces sobre los dones consagrados. Desde el siglo XVI hasta la reforma de Vaticano II, esta acción fue conocida como la 'doxología menor' que el celebrante hacía de espaldas a la asamblea.

En la reforma litúrgica de Vaticano II se ha recuperado la acción original por la que el celebrante proclama o canta la doxología y eleva la hostia y el cáliz para que la asamblea, con una respuesta de alabanza, responda con el Amén. Cuando un diácono asiste al celebrante en la Misa, el diácono eleva el cáliz mientras el sacerdote eleva la hostia consagrada. En las primeras décadas después de Vaticano II se conoció este gesto popularmente como el "Gran Amén".

La Plegaria Eucarística concluye como comenzó, con un tono de alabanza y de júbilo por la obra salvadora de Dios en la historia. Va dirigida siempre al Padre por Jesucristo, el Sumo Sacerdote de la Nueva Alianza, en la unidad del Espíritu Santo.

■ ■ ■

Fernando siempre se arrodilla después del Santo, Santo, Santo de la Plegaria Eucarística, aunque está atento por si alguien de la asamblea congregada necesita su ayuda. Como ujier de la parroquia conoce su responsabilidad, pero como fiel de la comunidad, reconoce cuán bondadoso es el Señor que se hace presente en su vida de una manera permanente en la Eucaristía. No puede, por lo tanto, distraerse o distraer a otros durante este momento sagrado.

Rosita, su esposa, le comentó una vez que hasta que el Padre no le explicó la estructura de la plegaria, ella no se había dado cuenta de todas las partes que la formaban. Cuando el Padre en Misa comenzó a hacer pausas entre cada parte, comenzó a disfrutar más de los elementos que el Padre les había señalado en la clase. A la vez se acordó y se lamentó de los Padrecitos que con muy buenas intenciones rezaban la plegaria tan de carretilla que no se podía distinguir nada más que la consagración y la elevación de la hostia y del cáliz. Tanto Fernando como Rosita disfrutaban más de la Plegaria Eucarística cuando el Padre la rezaba despacio, con respeto y con amor.

A sus vecinos de otras partes de América Latina que vivían en los Estados Unidos, Rosita y Fernando les explicaron que en este país uno se arrodilla después del "Santo" durante toda la Plegaria hasta el Amén porque así lo han dispuesto los Obispos de la nación. En otras partes del mundo, los fieles se arrodillan después del "Santo" pero se ponen de pie después de la consagración para responder o cantar la Aclamación memorial. A Rosita siempre le gustaba oír las campanas que se tocan cuando el celebrante coloca las manos sobre los dones (epíclesis) y en cada elevación, pero también aprendió que se puede utilizar incienso en vez de las campanas. Se usaban más las campanas cuando la Misa era en latín y con su sonido se llamaba a los fieles a prestar atención a lo que sucedía en el altar.

Para reflexionar y comentar

1. ¿Puedo distinguir claramente cada sección de la Plegaria Eucarística y a la vez percibirla como una oración larga con muchas partes?

2. ¿De qué manera le puedo explicar a nuestros niños y jóvenes el contenido y riqueza de esta Plegaria?

3. ¿Cuál de las Plegarias me ayuda a acercarme más al Señor en su Misterio Pascual?

4. ¿Utiliza el Padre en la parroquia las distintas Plegarias Eucarísticas que la Iglesia nos ofrece?

5

RITO DE COMUNIÓN

Los primeros cristianos, al concluir el Amén de la Plegaria Eucarística, recibían el Cuerpo y la Sangre de Cristo sin ninguna otra oración o gesto. Para el siglo V, cuando se introdujo el padrenuestro, se habían ya elaborado ciertos textos como resultado del deseo creciente que los fieles sentían de expresar la unidad y el amor que significaba la presencia de Cristo para todos los discípulos. Como sucedió con otras partes de la Misa, la estructura se complicó con más textos y gestos de purificación y limpieza, y sufrió diferentes cambios hasta que, por fin, por un tiempo, permaneció muy sencilla.

Cuentan los liturgistas que a partir del siglo X introdujeron de nuevo una serie de fórmulas para acompañar la comunión del sacerdote y de los fieles, que incluían la confesión y la absolución. De hecho, ya hacia el siglo XIII la comunión de los fieles comenzó a desaparecer a pesar de las intervenciones de muchos predicadores que enfatizaron la necesidad de recibir la comunión frecuentemente. Se llegó a reservar la comunión para la hora de la muerte y el rito dentro de la Misa comenzó a cambiar de nuevo con fórmulas que marcaban la diferencia entre la comunión del sacerdote y la de los fieles. A partir de este siglo, y posiblemente al no poder recibir la comunión en la Misa hasta el momento de la muerte, los fieles sintieron el deseo de estar vinculados al misterio Eucarístico al menos por medio de la Exposición y Adoración del Santísimo. Esta fuerte devoción marcó la teología medieval como resultado de algunos milagros producidos por la devoción a la Eucaristía documentados y del establecimiento en 1312 de la Solemnidad del Corpus Christi para toda la Iglesia universal.

Uno de estos milagros que ha formado parte de la tradición Eucarística, sobre todo en Italia, ocurrió en Bolsano, cuando en el siglo XIII, un sacerdote aparentemente sin ninguna fe, celebró la Misa y vio que brotaba sangre de la hostia consagrada. No sólo recuperó la fe el sacerdote sino que, al informar sobre lo sucedido, el Papa sometió el suceso a una investigación teológica profunda que posteriormente promovió la Adoración Eucarística. El investigador fue Santo Tomás de Aquino, a quien se le atribuye el hermoso poema que entonamos durante la Exposición del Santísimo (A Tan Alto Sacramento o, en latín, Pange Lingua). En la actualidad, el corporal de Bolsano se guarda en Orvieto, una ciudad cerca de Roma, y se lleva en procesión durante la solemnidad del Corpus Christi. De hecho, esta solemnidad fue establecida en 1312 para la Iglesia universal.

En el Ordinario de la Misa vemos hoy un rito que incluye

la preparación para la comunión, el Rito de la Paz, la recepción de la Eucaristía por el sacerdote, la comunión de los fieles con la procesión hacia el altar y el canto, un tiempo de acción de gracias en silencio y la oración conclusiva con la que termina el rito.

1. Padre Nuestro y el embolismo

Esta oración que tanto gustaba a san Agustín ya en el siglo IV fue insertada en el siglo VI por san Gregorio Magno antes de la fracción del pan. Mientras que en el Oriente toda la asamblea cantaba el Padre Nuestro, en Occidente la oración estaba reservada al sacerdote que invitaba a la asamblea a responder a cada petición con el Amén, como se contempla en la liturgia hispano-mozárabe.

El embolismo es una extensión de la última petición del Padre Nuestro ("y líbranos del mal") que el sacerdote reza en alta voz: "Líbranos, Señor de todos los males..." y concluye con la aclamación de la asamblea que tradicionalmente siempre apareció en el rito bizantino: "Tuyo es el reino, tuyo el poder y la gloria..." Esta aclamación se conoce también como 'doxología'.

En la antigua liturgia romana el embolismo era mucho más extenso; se ha reducido bastante al recuperarlo la reforma litúrgica del Vaticano II que le añadió la frase "mientras esperamos la gloriosa venida de nuestro Salvador Jesucristo" (Tito 2, 13). Muchos católicos consideraban que solamente nuestros hermanos separados utilizaban esta doxología al concluir la oración. Evidentemente, no es así, ya que el propio texto ha formado parte de la tradición de la Iglesia desde el principio, posiblemente para concluir la oración de una forma más positiva y no sólo con la expresión "líbranos del mal". De hecho, toda la asamblea puede rezar o cantar el Padre Nuestro y la aclamación que prosigue al embolismo.

2. Rito de la Paz

Este rito, en su origen, aparecía después de las intercesiones al concluir la Liturgia de la Palabra. De hecho, en la liturgia romana hasta finales del siglo IV, el gesto de la paz hacía eco de la llamada a la reconciliación que declara el evangelio de San Mateo (5, 23—24) para los que se disponen a llevar su ofrenda al altar. Desde comienzos del siglo V, el Papa Inocencio I lo colocó después del Padre Nuestro para evocar el consentimiento de la asamblea ante el misterio ya presente en el altar y para expresar de una manera especial la reconciliación que el propio Padre Nuestro exige de los que quieren compartir la Eucaristía.

A principios de la Edad Media el celebrante comenzó a besar el altar y otros elementos, incluso la hostia. Para muchos el gesto entre los miembros de la asamblea llegó a sustituir la Comunión que casi había desaparecido. Más adelante, se limitó al clero asistente en la Misa, del celebrante al diácono y al subdiácono. Ya en el Misal de Pío V de 1570 aparece la fórmula que data del siglo XI, "Señor Jesucristo que dijiste a tus apóstoles...", y que precede al intercambio del gesto.

Actualmente, al saludo del sacerdote, "El Señor esté con vosotros (ustedes)" y la respuesta acostumbrada de la asamblea, "Y con tu espíritu", el diácono, si está presente, invita a todos los fieles a que compartan un signo de paz. Evidentemente, si no hay diácono, el sacerdote hace la invitación. Conviene que este gesto no se extienda entre los miembros de la asamblea de forma tal que interrumpa el ritmo de la celebración.

De hecho, en la liturgia romana hasta finales del siglo IV, el gesto de la paz hacía eco de la llamada a la reconciliación que declara el evangelio de San Mateo (5, 23—24).

En los comienzos de la reforma litúrgica, muchos sacerdotes sintieron el deseo de saludar a cada miembro de la asamblea en este momento y así crearon tal espacio en la celebración que los músicos, por su cuenta, introdujeron un canto de la paz tanto para expresar la alegría de los participantes como para llenar el espacio creado.

Las rúbricas simplemente invitan a que se salude con el gesto de la paz a los que están cerca de nosotros, ya que la invitación a la paz de Cristo nace del propio misterio Eucarístico y se extiende a todos por medio de la asamblea que de por sí también representa a Cristo. La reforma de Vaticano II no hace ninguna indicación sobre la necesidad de un canto durante el rito de la paz.

Por otro lado, se sobreentiende que, en ciertas ocasiones, sea conveniente expresar este momento de reconciliación de una manera especial siempre que no interrumpa tanto el ritmo celebrativo que nos dirige a la recepción de la Comunión. De hecho, ciertas Conferencias de Obispos están estudiando la posibilidad de recuperar la tradición original de insertar este rito al final de la Liturgia de la Palabra, como se hacía hasta finales del siglo IV.

3. Fracción del Pan

En el libro de los Hechos de los Apóstoles (2, 43) aparece una narración en la que los cristianos se referían a la Eucaristía como la "fracción del pan". Es el gesto que el mismo Jesús realizó y por el cual quiere unir a todos los que estén dispuestos a compartir su Cruz, Muerte y Resurrección, es decir, su vida. Cuando concluía la celebración, los fieles llevaban a sus hogares el pan compartido que sobraba, para que también sus ancianos e impedidos se sintieran vinculados a la comunidad de fe que celebra el Misterio Pascual.

Más adelante, cuando se adoptó el pan sin levadura y, por lo tanto, se utilizaron las hostias pequeñas, este rito disminuyó en importancia. La fracción se unió a la mezcla y sólo el celebrante consumía la hostia grande. En la actualidad, para mantener el aspecto simbólico del rito, se recomienda que, cuando sea posible, algunos de los fieles reciban fragmentos de la hostia grande que fracciona el celebrante y si el diácono está presente, también puede ayudar en este rito de la fracción del pan.

4. Mezcla

En la Misa romana, cuando un sacerdote no podía concelebrar o celebrar con el Papa, recibía un pedazo del pan consagrado en la liturgia Papal que se conocía como el *fermentum*. Al recibirlo, el sacerdote lo colocaba en su cáliz y así expresaba simbólicamente su unidad con la Iglesia y su obediencia al sucesor de san Pedro. Este intercambio y mezcla de signos sagrados era muy corriente en la Iglesia de los primeros cristianos para mantener el vínculo distintivo de todos los fieles, ordenados y laicos.

La mezcla que actualmente se hace después de la fracción del pan proviene de una costumbre Oriental del siglo VIII que un Papa introdujo en la liturgia romana. La mezcla del Cuerpo y la Sangre de Cristo antes de la Comunión representa para todos la unidad de la muerte y resurrección del Señor. Durante la mezcla, el celebrante hace una breve oración en silencio.

5. Cordero de Dios

En la liturgia papal que sirvió de modelo en el pasado para el desarrollo de la estructura de la Misa se añadió un canto variable durante la fracción del pan. Ya en el siglo VIII, sin embargo, el Papa Sergio I introdujo el Cordero de Dios, recordando el anuncio que Juan el Bautista hiciera sobre Jesús (Juan 1, 23-26). Para la Iglesia, la victoria de Cristo siempre se conoció como la victoria del Cordero

Pascual, sacrificado una vez y para siempre en el ara de la cruz.

Como ha sucedido con otras partes de la asamblea, el canto lo cantaban todos en los primeros siglos de la Iglesia y solamente se llegó a reservar para el coro a partir de la Edad Media. De hecho se redujo a tres peticiones con la adición de "danos la paz" a partir del siglo X.

El Cordero es una letanía del pueblo, parecida al *Kyrie eléison* del Rito Penitencial, que se puede cantar más de tres veces. Las rúbricas del Ordinario de la Misa indican que a partir de la fracción del pan y de la mezcla, se puede comenzar a cantar el Cordero hasta que todas las formas estén preparadas para la distribución. Durante el canto, el sacerdote hace una oración privada que concluye con una genuflexión. Idealmente, en la última petición del Cordero y después de hincarse, el celebrante eleva la hostia y el cáliz para anunciar "Este es el Cordero de Dios..." De hecho, el celebrante no debe participar en el canto del Cordero, ni esperar a que concluya para completar la fracción y la mezcla. Todos estos gestos forman un conjunto ritual en el que el canto, la acción litúrgica y los textos apropiados participan casi simultáneamente.

> **El Cordero es una letanía del pueblo, parecida al Kyrie Eleison del Rito Penitencial, que se puede cantar más de tres veces.**

6. Preparación del sacerdote y del pueblo

Con la intención de fomentar la devoción de los sacerdotes, en Francia se introdujeron en la liturgia una serie de oraciones en distintas partes de la Misa, incluyendo una sobre la paz que se rezaba solamente en las Misas cantadas.

De las muchas que aparecieron en varios Sacramentarios, hoy el celebrante tiene tres oraciones que debe rezar "calladamente". La primera es la oración que introduce el rito de la paz y se reza en alta voz ("Señor Jesucristo, que dijiste a tus apóstoles..."). Las otras dos aparecen como preparación a la Comunión. De hecho, el celebrante puede escoger una de las dos y nunca proclamarla en alta voz ("Señor Jesucristo, Hijo de Dios vivo", o "Señor Jesucristo, la comunión de tu cuerpo..."). Se recomienda que también los fieles se preparen para recibir la Comunión con una oración silenciosa que los disponga a tan sagrado Encuentro.

7. Distribución de la Eucaristía

Por siglos, el reparto de la Eucaristía asumió la simple forma de compartir las especies sagradas en silencio. Del Oriente se adoptó la costumbre de presentar la hostia con la frase "El Cuerpo de Cristo" al que el comulgante respondía con la profesión de fe "Amén". En Roma la costumbre se perdió por un tiempo; pero ya en el siglo X y fuera de Roma al rito de la distribución le acompañaban varios textos de presentación. El Concilio de Trento en 1570 uniformó la fórmula que el sacerdote utilizaría cuando le daba la comunión a cada fiel: "El Cuerpo de nuestro Señor Jesucristo conserve tu alma para la vida eterna" y añadía él mismo la respuesta "Amén".

Hoy el ministro le presenta la hostia o el cáliz al comulgante con la simple frase "El Cuerpo de Cristo" o "La Sangre de Cristo" y, después de una breve reverencia con la cabeza, el comulgante responde "Amén" y recibe la comunión.

A partir del siglo XVI seguía disminuyendo la recepción de la comunión en la sagrada forma y desapareció la recepción de la preciosa sangre del cáliz. Esta disputa surgió entre los reformistas que querían regresar a la práctica original de la Iglesia de distribuir la Eucaristía bajo las dos especies. Dicha proposición, sin embargo, no se basaba solamente en una práctica sino en un aspecto doctrinal. Para estos reformistas la recepción bajo las dos especies era indispensable para la salvación. Por eso el Concilio de Trento declaró que en cada una de las formas, el pan y el vino, se encontraba la presencia real de Cristo, su Cuerpo, Sangre, Alma y Divinidad.

La antigua costumbre antigua de recibir la Comunión en la mano y bajo las dos especies se recuperó después del Concilio Vaticano II con la reforma conciliar. En los Estados Unidos los fieles reciben la Comunión de pie, en las manos y bajo las dos especies en todas las Misas que el obispo haya permitido en la diócesis y que el párroco considere prudente para su parroquia. Los domingos, por lo tanto, se necesita una cantidad adecuada de ministros especiales de la Comunión que faciliten el proceso de la distribución.

Este ministerio de los laicos surgió en 1979 en los Estados

Unidos, primero para asistir a los enfermos e impedidos que desde sus casas anhelaban unirse a la parroquia por medio de la Eucaristía (como en los primeros siglos), y, en segundo lugar, para ayudar al celebrante, al diácono y al acólito en este rito de la distribución de la Comunión. En la actualidad, los ministros especiales se acercan al altar cuando el celebrante comulga y reciben primero de él o del diácono la comunión y después los vasos sagrados para la distribución a la asamblea. Cuando concluye el rito, los ministros especiales colocan los vasos sagrados en la mesa lateral para que, después de la Misa, el diácono o el acólito los purifiquen.

Cada obispo diocesano puede definir las normas acerca de la comunión bajo las dos especies. Esta forma de distribución es muy recomendable, ya que responde al mandato que Cristo hiciera en la institución de la Eucaristía: "Tomad y comed", "Tomad y bebed". La Iglesia universal permite la Comunión bajo *intinción*, es decir, cuando el ministro sostiene una patena y el cáliz, moja la hostia en la preciosa sangre y la coloca en la boca del comulgante. Si se utiliza esta forma de distribución, sin embargo, se impide que el comulgante ejerza la opción de recibirla en la mano, ya que el que recibe la comunión no puede realizar el acto de "mojar" la hostia en el cáliz que sostiene el ministro de la Eucaristía. En muchas diócesis del país, por lo tanto, se ha enfatizado más la recepción de la comunión en la mano y por el cáliz y ha disminuido la práctica de la distribución por intinción.

¡Cuán importante es acercarse a recibir la comunión preparado y reconciliado, libre de pecado y dispuesto a mantener un espacio sagrado, en medio del canto de alabanza, para "saborear" mejor, como proclama el Salmo 34 (¡Gusten y vean qué bueno es el Señor!), el encuentro que cada uno de nosotros experimenta en este momento tan especial! A la vez, la comunión nos vincula a toda la iglesia extendida en el mundo entero y, en especial, a los miembros de nuestra comunidad parroquial con quienes vivimos comprometidos a predicar la Buena Noticia del Señor.

8. Purificación de los vasos sagrados

En la antigüedad, la forma más apropiada de purificación consistía en la 'ablución' de la boca. Después de recibir la comunión, se recomendaba que el sacerdote y los laicos bebieran vino o comieran un trozo de pan para que no permaneciera en la boca nada de las especies sagradas.

A partir del siglo VII se acostumbró también a lavar el cáliz y los dedos del sacerdote, gestos unidos a la ablución de la boca que aparecen como gestos obligatorios en el Misal de Pío V junto a varias oraciones .

Con el deseo de simplificar los ritos y gestos que la liturgia heredó desde 1570, la reforma actual permite que el diácono o un acólito instituido después de la comunión traslade los vasos sagrados a la mesa lateral o *credenza* y allí los purifique. Se pueden reservar en el sagrario la formas consagradas, pero no la Preciosa Sangre que debe ser totalmente consumida depués de la distribución a la asamblea antes de que se purifiquen los cálices utilizados.

En las Misas diarias se recomienda que si el celebrante prefiere purificar los vasos sagrados sobre el altar, no lo haga sino hacia un lado, para distinguir así el espacio de la consagración del de la purificación.

9. Los cantos y la oración en silencio

Siempre recordamos las palabras de san Agustín tan apropiadas para la Eucaristía: "El que canta reza dos veces". Desde los tiempos de san Agustín se cantaba durante la distribución de la Sagrada Comunión. Los primeros cantos siempre provenían del Salterio. Los Salmos cantados expresan conjuntamente la protección y la misericordia de Dios que, como Buen Pastor, alimenta a su pueblo y siempre lo acompaña por la historia.

Durante la distribución de la comunión se pueden cantar Salmos o un canto apropiado que refleje la acción que se está realizando: la peregrinación de la iglesia, la entrega de Jesús por la humanidad, o la fortaleza que Dios nos brinda cuando nos llama a servirle. No se recomienda que se utilicen cantos a la Virgen en este momento, ni siquiera en las fiestas marianas. En general, se recomienda que los textos de los cantos reflejen la unidad de la asamblea en el amor de

> *Desde los tiempos de san Agustín se cantaba durante la distribución de la Sagrada Comunión.*

Cristo. Si la liturgia lo pide, los cantos a la Virgen son más apropiados al comienzo de la liturgia, durante la presentación de las ofrendas, o al concluir la Santa Misa.

Cuando no hay cantos, se recita la Antífona de Comunión que se halla en el *Misal Romano*. Las antífonas del Misal, que aparecen también al comienzo de cada Misa y en otras secciones, forman parte del tesoro textual que encierra la liturgia monástica y que aparece en el Ordinario de la Misa. De hecho, eran Antífonas en canto Gregoriano lo que cantaba el coro en las Misas Solemnes antes del Vaticano II y aún se cantan en diferentes celebraciones. La iglesia continúa revisando el Antifonario para dar a conocer mejor las antífonas en nuestra época y para promover su uso en la liturgia.

Así como el canto une a la asamblea en el rito de la comunión, el silencio provee el espacio necesario para dar gracias a Dios por el regalo maravilloso que se ha compartido. El silencio después del canto es necesario y recomendado tanto por el Ordinario de la Misa como por la necesidad pastoral de interiorizar el misterio celebrado.

En ciertas celebraciones se puede utilizar un canto de alabanza como parte de la acción de gracias que expresan tanto el celebrante como la asamblea; aún así, no se debe suprimir el espacio necesario para el silencio y la reflexión personal de los fieles.

10. Oración después de la Comunión

Después del silencio señalado, el sacerdote invita a la asamblea, de pie, a que concluya el rito con esta oración: "Oremos". Llamada también postcomunión u oración conclusiva, esta oración termina el Rito de la Comunión y recoge el agradecimiento de la asamblea congregada a la vez que expresa la necesidad de reflejar después de la Misa, en la vida diaria, los dones sagrados que todos han compartido.

Así como la estructura de los ritos introductorios va dirigida a la colecta u oración de entrada y la del rito de la presentación de las ofrendas a la oración sobre los dones, el rito de la Comunión se encamina a esta oración conclusiva.

■ ■ ■

El Padre Rubén explicó detalladamente los cambios que ha hecho la iglesia sobre este rito de la comunión. Rosita y Fernando se asombraron al escuchar que por siglos la comunión se recibía muy poco frecuentemente y que el Papa san Pío X fue quien restauró la comunión con frecuencia y redujo la edad para recibir la comunión de adolescente a los siete años más o menos, o, como se dice, el "uso de razón".

Rosita se acordaba de cómo se recibía la Comunión cuando era niña. Recordó que su mamá le contaba cómo si se iba a comulgar en la mañana, no se podía ingerir nada, ni siquiera agua, a partir de la noche anterior. Recordó cómo después del Concilio, el ayuno para recibir la Comunión se redujo a tres horas y, recientemente, a una hora.

Para ella es un privilegio ser ministro especial de la comunión, aunque siempre se ha sentido indigna de tal ministerio. Lo hace con mucha devoción y respeto y le molesta que haya personas que se acercan a recibir al Señor sin estar vestidas adecuadamente o sin reflejar ese mismo respeto que ella muestra.

Se lo ha dicho al Padre Rubén para que exhorte a la asamblea a vestirse adecuadamente antes de acercarse al altar. El Padre ha tratado de incluirlo en sus homilías, pero no siempre se le escucha. A muchos se les olvida con quién se encuentran en este momento. Rosita siempre ha pensado: "Y si fuera el Presidente de la nación o el Papa que viene de visita, ¿se comportarían de la misma manera?"

El Padre Rubén le aseguró un día que es bueno llamar la atención siempre que la persona no se sienta rechazada y no todos los líderes, ordenados o laicos, tienen la misma delicadeza de saber llamar la atención; algunos, por ser humanos, pierden la prudencia y la paciencia. A Rosita no se le olvidó el último mensaje del Padre cuando ella le presentó esta situación: "Evita tú también que el 'enemigo' te distraiga de tu ministerio y te robe la gran satisfacción que experimentas cuando distribuyes su Cuerpo y Sangre; concéntrate en la alegría y el respeto de los que se acercan a recibirlo adecuadamente". Para ella, este mensaje fue un gran consuelo.

Fernando, como ujier, ayuda a que la asamblea se

dirija al altar con un ritmo adecuado y que los ministros especiales de la comunión no se olviden de aquellos que no pueden caminar para recibir la Comunión y esperan en silla de ruedas. Fernando canta con la asamblea mientras todos peregrinan a recibir al Señor, pero cuando él la recibe, después que todos la han recibido, trata, más que pedirle al Señor, de darle las gracias por su esposa, por sus hijos, por su familia y por su Iglesia, por la libertad y la oportunidad de vivir, por el país y por sus líderes, por los más necesitados y por los que buscan a Dios. Rosita y él se han comprometido a enseñar a sus dos hijos a ser tan agradecidos como ellos. De ahí que siempre se acuerdan ambos de que la Misa es una Eucaristía, una maravillosa Acción de Gracias.

Para reflexionar y comentar

1. ¿Qué parte del Rito de la Comunión me prepara más para recibir la Eucaristía?
2. ¿Me acerco a recibir la Sagrada Comunión cantando y con respeto?
3. ¿Doy gracias después del canto por el tesoro que he recibido después del Canto?
4. ¿Me preocupan las personas que se acercan a la Comunión rutinariamente y sin mucha atención?
5. ¿De qué manera puedo contribuir a educarlos para que se acerquen con alegría y a la vez con un respeto adecuado a recibir el Cuerpo y Sangre del Señor?

6

RITO DE CONCLUSIÓN

Los primeros cristianos sintieron que después de compartir la Comunión, cuando la Eucaristía concluía, necesitaban un rito para despedir a los fieles. De hecho, esta despedida estaba compuesta por varios gestos y oraciones que el celebrante hacía sobre el altar y sobre la asamblea. En 1884, el Papa León XIII añadió una serie de oraciones que hasta la reforma litúrgica de Vaticano II se rezaban después de la Misa.

Actualmente, este rito es mucho más simple y se compone de varios momentos sencillos. Si hubiese otro rito asignado para la conclusión de la Misa, tal y como sucede en la Misa de funeral, el rito de despedida se puede suprimir o modificar según las circunstancias.

Avisos

Se recomienda que los anuncios o avisos que afectan a la vida pastoral de la comunidad se hagan después de la oración de la comunión, aunque en la antigüedad se hacían después de la comunión del celebrante y antes de la comunión del clero (liturgia Papal) o al final de la homilía (costumbre del Papa León Magno).

Los anuncios deben ser breves y concisos y el propio sacerdote los puede introducir o presentar de acuerdo con las necesidades del momento.

Saludo y Bendición

En los primeros siglos de la historia de la Iglesia, era el Papa o el Obispo de la diócesis el que impartía la bendición al final de la Eucaristía. En Cuaresma, el diácono invitaba a que la asamblea inclinase la cabeza y respondiera Amén después de cada invocación que hiciera el celebrante. Algunos opinan que el estilo penitencial de esta bendición sobre el pueblo ayudaba de una manera especial a los penitentes que se preparaban para reconciliarse con la Iglesia el Jueves Santo. De hecho, servía también para toda la Iglesia que estaba llamada a peregrinar durante los cuarenta días de penitencia y oración.

Más adelante se añadieron otras fórmulas para la bendición que el párroco, y no solamente el Obispo, comenzó a utilizar al final de la Misa. Actualmente, existen varias formas de bendecir y una serie de fórmulas que el celebrante puede escoger. La forma sencilla es la más común: "En el nombre del Padre, del Hijo y del Espíritu Santo". La forma solemne exige que el diácono invite a la asamblea a inclinar sus cabezas. Los formularios para estas bendiciones aparecen en el Apéndice del *Misal Romano* y han sido revisados para incluir temas propios del tiempo y solemnidades del Año Litúrgico.

Despedida y Canto Final

Tal parece que siempre hubo una expresión de despedida formal del pueblo al concluir la celebración eucarística. En Roma se utilizó la expresión "Ite Missa est" que indicaba no sólo la conclusión del rito sino también un envío hacia la vida cotidiana después del rito. También se utilizaban otras fórmulas según el estilo de la celebración. En las Misas de difuntos la despedida incluía un rito especial con la expresión "Descanse en paz" (*Requiescat in pacem*).

Hoy aparecen en el *Misal Romano* tres formas de despedida. Si está presente, el diácono utiliza una de las formas después de la bendición del celebrante. En las tres aparece la frase 'Vayan en paz" que proviene del evangelio de San Marcos (5,34).

A pesar de que ni en la Eucaristía del Oriente o del Occidente hubo un canto específico después de la despedida, a partir de la reforma Conciliar la mayoría de nuestras comunidades se ha acostumbrado a tenerlo, añadiendo así tono de "alegría" y de "misión" a este rito de despedida.

■ ■ ■

Fernando siempre se extrañaba cuando las personas se iban del templo después de la comunión. Se preguntaba si es que no querían escuchar los avisos y si no les importaba la bendición del Padre. Para él y para su familia, la bendición del Padre es muy especial. Incluso, ha notado que hay personas que fuera del templo, cuando el Padre despide personalmente a los feligreses, le vuelven a pedir la bendición. El contacto personal es importante para el pueblo.

A Rosita también le extrañaba este éxodo de algunas personas y se lamentaba de que a veces no aprovechaban el tiempo para saludar a otros miembros de la comunidad y para platicar un poco con ellos y sus familias antes de llegar a sus hogares. ¿Cuál es la prisa?

El Padre Rubén le explicó un día que no se debe juzgar a los demás. Puede que estas personas tengan a algún familiar enfermo al que necesitan regresar, o alguna situación imprevista que no pueden evitar. Existe también la posibilidad de que en muchas de las personas mayores que no pueden comulgar prevalezca el sentimiento de que no necesitan permanecer en la asamblea durante el rito de la comunión y, después de hacer una comunión espiritual, deciden marcharse.

El Padre Rubén, por su cuenta, después de la bendición y antes de la despedida del diácono, exhorta a que la asamblea permanezca en su sitio hasta que la cruz procesional haya pasado por el espacio central de la Iglesia. Y esta exhortación sí ha funcionado. Menos personas abandonan el templo después de la comunión. Tal es el poder y la fuerza del símbolo de la cruz, victoria sobre el pecado y el

mal, anuncio vital de la muerte y resurrección del Señor
que recibimos desde el bautismo y en el que participamos
cada vez que comemos de su pan y bebemos de su cáliz....
hasta que vuelva.

Conclusión

La Misa es para muchos un 'misterio', pero no el Misterio
Pascual al cual se refiere la teología de la liturgia, sino un
'misterio' porque no la conocen. La reforma litúrgica que
comenzó en 1965 como resultado del Concilio Vaticano II
surgió del primer documento aprobado el 4 de diciembre de
1963 por más de 2,200 Obispos congregados con el Papa en
Roma: la Constitución sobre la Sagrada Liturgia (en Latín,
Sacrosanctum Concilium). En dicho documento la Iglesia
hace un llamado a reformar la estructura y el estilo de todos
los Sacramentos, a utilizar la lengua vernácula o lengua de
cada pueblo, a renovar el Leccionario, de donde se proclaman
las dos primeras lecturas de la
Misa, a enfatizar el aspecto de
celebración para equilibrar otros
aspectos de la devoción católica,
a simplificar los ritos para que
se comprendan mejor, a dar pie a
ciertas adaptaciones de los ritos
católicos según las costumbres
de los pueblos, a promover buena música con la que todos
puedan alabar al Señor y a preparar nuevos textos, tales

> **En fin, la reforma
> litúrgica expresa
> en la Constitución
> su propósito más
> claro: la participación
> de la asamblea.**

como el Evangeliario, el Antifonario, y el Bendicional, para que el pueblo celebre su fe con mucha más participación y devoción. En fin, la reforma litúrgica expresa en la Constitución su propósito más claro: la participación de la asamblea. Los Padres del Concilio Vaticano II no querían reformar solamente los ritos externos. Siempre tuvieron la intención de renovar a la iglesia desde el interior de cada corazón convertido al Señor Jesús.

De hecho, las celebraciones litúrgicas de la iglesia son celebraciones comunitarias donde todos estamos llamados a participar de varias formas: con el canto, con nuestra respuesta a los que dirigen la celebración, con nuestra atención y nuestro silencio cuando escuchamos la Palabra de Dios, con nuestras peticiones que abarcan no sólo nuestras necesidades sino las de la Iglesia universal, y con nuestro compromiso de servir a Dios cuando se nos envía a ser testigos vivenciales de nuestra vida en Cristo Jesús, vida que compartimos por la fuerza del Espíritu Santo. Las celebraciones de la Iglesia son un encuentro con el Señor Jesús, cuya misericordia y perdón infinitos e invisibles, se hacen visibles por medio de signos sensibles que se convierten en un tesoro para nuestra vida de fe. Los sacramentos de la iglesia, por lo tanto, no son celebraciones de ritos, sino celebraciones de nuestro encuentro con el Misterio Pascual, el tránsito de Jesús de la vida a la muerte y a su resurrección gloriosa. Se entregó porque nos amó y porque nos ama sigue entregándose por nosotros en el sacrificio del altar, y vive presente de una manera permanente en la Eucaristía.

Por ello, de todas las celebraciones que la reforma litúrgica ha restaurado desde 1965, se le ha prestado más atención a la Santa Misa, a la que podemos llamar también 'liturgia' eucarística. Aún así, son muchos los que todavía desconocen su sentido, su estructura, y la necesidad de responder al Dios que nos alimenta en la Eucaristía por medio del servicio a los pobres y necesitados de nuestro tiempo y de nuestra historia. Por esta razón, hemos dedicado estas páginas a contribuir un poco más a la comprensión del banquete eucarístico para todos los que quieren celebrar mejor su fe en la comunidad a la que Dios los ha llamado a vivir en familia y a compartir su vida desde su Bautismo y Confirmación.

Y por ello, hemos utilizado las imágenes simbólicas de Fernando y Rosita y del Padre Rubén que aman a la Iglesia y hacen lo posible por crecer espiritualmente durante las transiciones que la reforma Conciliar les ha presentado. A través de esta familia, hemos tratado de cuestionar algunos aspectos de la reforma que aún son cuestionables, quizás porque no se han explicado bien. A través del Padre Rubén, hemos tratado de presentar la vida pastoral de tantos sacerdotes dedicados que respetan el tesoro de los textos y de los gestos de la liturgia latina y tratan de compartir su amor por la liturgia con su pueblo.

Desde que entramos a la Iglesia, dejamos atrás al mundo que nos rodea con sus ruidos latosos para encontrarnos con el Señor, cuya Palabra nos alienta y nos ilumina con su luz. Establecemos un diálogo con Él, que se expresa en todo lo que utilizamos y todo lo que hacemos: desde el ambiente que nos acoge, el silencio que nos ayuda a prepararnos para comenzar la Eucaristía, los textos que escuchamos, los cantos y gestos que nos ayudan a expresar la fe de una manera singular hasta las funciones que ejercen nuestros sacerdotes, diáconos, acólitos y ministros laicos durante la celebración. La liturgia eucarística, la Misa, es un lenguaje compuesto de varios lenguajes.

Los laicos que asumen los ministerios litúrgicos, desarrollados en documentos posteriores a la Constitución de la Sagrada Liturgia, han de comprender hoy más que nunca su participación por el Bautismo en el sacerdocio de Cristo. El Señor nos llama a servir, y la liturgia simboliza ritualmente el cuidado pastoral de nuestro pueblo al que servimos cuando compartimos juntos la Palabra que da vida y la Eucaristía que nos transforma y sostiene. De la misma manera, conviene notar que la liturgia de la iglesia de Roma es susceptible en los Estados Unidos de una adaptación especial de acuerdo con la realidad multicultural de muchas de nuestras comunidades católicas. De ahí, la necesidad de "ser" Iglesia primero antes de planificar nuestras Eucaristías.

Una nota importante sobre la música en la Eucaristía. Desde el comienzo de la reforma hasta el presente, se ha notado una madurez creciente entre los músicos pastorales de la nación que han asumido su servicio a la Iglesia como un compromiso serio y no improvisado Las letras de los cantos han mejorado y las melodías reflejan mucho más en la actualidad tanto la tradición musical de la Iglesia como los ritmos propios de los fieles que se unen en la Eucaristía y que provienen de muchos países de América y de otros continentes.

Exhortamos a que siga creciendo en nuestro ambiente el repertorio musical para que siga creciendo la participación de la asamblea en la Misa. Exploremos juntos la mayor cantidad de estilos musicales que puedan enriquecer a la asamblea y propongamos estilos propios para que los coros intervengan en la liturgia eucarística y así dispongan a los fieles a la oración y a la profundización de su fe.

A pesar de los cambios de la Eucaristía a través de los siglos, sigamos profesando, celebrando y viviendo nuestra fe con el mismo ardor que la primera comunidad de cristianos nos muestra:

"Todos se reunían asiduamente para escuchar las enseñanzas de los Apóstoles y participar en la vida común, en la fracción del pan y en las oraciones...Todos los creyentes se mantenían unidos y ponían lo suyo en común: vendían sus propiedades y sus bienes, y distribuían el dinero entre ellos, según las necesidades de cada uno. Íntimamente unidos, frecuentaban a diario el Templo, partían el pan en sus casas, y comían juntos con alegría y sencillez de corazón; ellos alababan a Dios y eran queridos por todo el pueblo. Y cada día, el Señor acrecentaba la comunidad con aquellos que debían salvarse" (Hechos 2:42-47).

Para reflexionar y comentar

1. ¿Me siento enviado(a) al compromiso de servicio como 'iglesia' al final de cada Misa? ¿Me ayuda a vivir mi compromiso cuando canto al final de la Misa?

2. ¿Considero que los avisos son importantes en este momento de la Misa?

3. ¿Qué aspecto de esta sección de la Misa me ayuda mejor a llevarle a los demás la esperanza que nace de mi encuentro con el Señor en la Eucaristía?

4. Fuera de las circunstancias especiales mencionadas, ¿por qué se apura tanto la gente por abandonar la Iglesia antes del canto de Salida?

5. ¿Me gusta cuando los miembros de la comunidad siguen reunidos fuera del templo después que la Misa termina?

BIBLIOGRAFÍA

Congregación para el Culto Divino. *Instrucción Redemptionis Sacramentum.* Ciudad del Vaticano, 2004.

Congregación para el Culto Divino. *Liturgicam Authenticam. Fifth Instruction on Vernacular Translation of the Roman Liturgy.* Washington, DC: United States Conference of Catholic Bishops, 2001.

Johnson, Lawerence J. *El Misterio de Fe, un estudio de los elementos estructurales de la Misa.* Washington, DC: Federation of Diocesan Liturgical Commissions (FDLC) and the Instituto Nacional Hispano de Liturgia (INHL), 2005.

Los Documentos Litúrgicos, un Recurso Pastoral. Chicago: Liturgy Training Publications, 1997.

Martimort, A.G. *La Iglesia en Oración. Barcelona: Editorial Herder,* 1987.

Marini, Piero. *Liturgia y Belleza, Nobilis Pulchritudo.* Bilbao: Desclee de Brouwer, 2005.

Ordenación General del Misal Romano, Tercera edición típica, Edición provisional para estudiar. Chicago: Liturgy Training Publications, 2003.

Sosa, Juan J. *One Voice, Many Rhythms.* Portland: Oregon Catholic Press, 2008.

ACERCA DE AUTOR

El Padre Juan J. Sosa es párroco de la comunidad de St. Catherine of Siena en la arquidiócesis de Miami. Desde 1984 al 2001, el Padre Sosa fue Director Ejecutivo del Ministerio del Culto y la Vida Espiritual y ha servido como presidente del Instituto Nacional Hispano de Liturgia, Inc. desde 1982 a 1988 y desde el 2001 hasta el presente. El Padre Sosa es Consultor del Comité del Culto Divino de los Obispos de los Estados Unidos y por años participó en el Subcomité de Liturgia para los hispanos de dicho Comité. Autor de "Sectas, Cultos y Sincretismos" y de "One Voice, Many Rhythms", el Padre Sosa, como compositor, ha contribuido a la publicación de varios himnarios, especialmente de Flor y Canto I y II de Oregon Catholic Press. Hace unos años este Editorial publicó un CD de sus composiciones con el título "Desde la Aurora Hasta el Ocaso".